CLARINETA fácil

MÉTODO PRÁTICO PARA PRINCIPIANTES

Cristiano Alves

COORDENAÇÃO
Celso Woltzenlogel

Inclui áudios de apoio com exercícios exemplificados e 46 composições brasileiras e estrangeiras para serem tocadas em playback

Nº Cat.: 437-M

Irmãos Vitale Editores Ltda.
vitale.com.br
Rua Raposo Tavares, 85 São Paulo SP
CEP: 04704-110 editora@vitale.com.br Tel.: 11 5081-9499

© Copyright 2018 by Irmãos Vitale Editores Ltda. - São Paulo - Rio de Janeiro - Brasil.
Todos os direitos autorais reservados para todos os países. *All rights reserved.*

CRÉDITOS

Diagramação
Danilo David

Revisão de Texto
Celso Woltzenlogel

Coordenação Editorial
Roberto Votta

Produção Executiva
Fernando Vitale

CRÉDITOS DE GRAVAÇÃO
Gravado no Estúdio A Casa
Clarineta: Cristiano Alves
Arranjos: Hudson Nogueira
Engenheiro de som: Matheus Dias
Mixagem e Masterização: Matheus Dias e PC Vitoriano
Data da gravação: Dezembro de 2017

CIP-BRASIL. CATALOGAÇÃO NA FONTE
SINDICATO NACIONAL DOS EDITORES DE LIVROS - RJ.

A478c

Alves, Cristiano, 1974-
 Clarineta fácil / Cristiano Alves. - 1. ed. - Rio de Janeiro : Irmãos Vitale, 2018.
 84 p. : il. ; 30 cm.

 Inclui índice
 "Acompanhado de CD"
 ISBN 978-85-7407-491-7

 1. Música para clarineta. I. Título.

18-51891 CDD: 788.6
  CDU: 780.643

17/08/2018 21/08/2018

SUMÁRIO

Introdução	7
Aspectos Históricos	9
Lição 1	**10**
Definindo o objeto de estudo	10
Parte A – Conteúdo teórico	10
Princípios da teoria musical	10
Parte B – Conteúdo prático	13
Montagem e desmontagem	13
Exercícios práticos	19
Músicas	20
Lição 2	**23**
Parte A – Conteúdo teórico	23
Princípios da teoria musical	23
Parte B – Conteúdo prático	24
Exercícios	26
Músicas	28
Lição 3	**31**
Parte A – Conteúdo teórico	31
Princípios da teoria musical	31
Parte B – Conteúdo prático	34
Exercícios	34
Músicas	36
Lição 4	**40**
Parte A – Conteúdo teórico	40
Princípios da teoria musical	40
Parte B – Conteúdo prático	40
Músicas	43
Lição 5	**46**
Parte A – Conteúdo teórico	46
Princípios da teoria musical	46
Parte B – Conteúdo prático	46

SUMÁRIO

Exercícios – Seção 1	46
Músicas	49
Lição 6	**53**
Exercícios	53
Músicas	55
Lição 7	**60**
Exercícios	60
Músicas	62
Lição 8	**66**
Exercícios	66
Músicas	68
Lição 9	**72**
Exercícios	72
Músicas	74
Lição 10	**81**
Exercícios	81
Músicas	82

ÍNDICE DOS ÁUDIOS

Faixa 1 – Diapasão - nota de referência
Faixa 2 – Exercício 1
Faixa 3 – Exercício 2
Faixa 4 – Exercício 3
Faixa 5 – Exercício 4
Faixa 6 – Exercício 5
Faixa 7 – Exercício 6
Faixa 8 – Música 1
Faixa 9 – Música 2
Faixa 10 – Música 3
Faixa 11 – Música 4
Faixa 12 – Música 5
Faixa 13 – Exercício 8
Faixa 14 – Exercício 9
Faixa 15 – Exercício 10
Faixa 16 – Exercício 11
Faixa 17 – Exercício 12
Faixa 18 – Exercício 15
Faixa 19 – Música 6
Faixa 20 – Música 7
Faixa 21 – Música 8
Faixa 22 – Música 9
Faixa 23 – Música 10
Faixa 24 – Exercício 16
Faixa 25 – Exercício 17
Faixa 26 – Exercício 18
Faixa 27 – Exercício 19
Faixa 28 – Exercício 20
Faixa 29 – Exercício 21
Faixa 30 – Exercício 22
Faixa 31 – Exercício 23
Faixa 32 – Música 11
Faixa 33 – Música 13
Faixa 34 – Música 14
Faixa 35 – Música 15
Faixa 36 – Música 16
Faixa 37 – Música 17
Faixa 38 – Música 18
Faixa 39 – Exercício 30
Faixa 40 – Exercício 31
Faixa 41 – Exercício 32
Faixa 42 – Exercício 33
Faixa 43 – Exercício 34
Faixa 44 – Exercício 35
Faixa 45 – Exercício 36
Faixa 46 – Exercício 37
Faixa 47 – Exercício 38
Faixa 48 – Música 20
Faixa 49 – Música 21
Faixa 50 – Música 23
Faixa 51 – Música 24
Faixa 52 – Exercício 41
Faixa 53 – Exercício 42
Faixa 54 – Exercício 43
Faixa 55 – Exercício 44
Faixa 56 – Exercício 45
Faixa 57 – Música 26
Faixa 58 – Música 27
Faixa 59 – Música 28
Faixa 60 – Exercício 48
Faixa 61 – Exercício 49
Faixa 62 – Exercício 50
Faixa 63 – Exercício 51
Faixa 64 – Exercício 52
Faixa 65 – Música 31
Faixa 66 – Música 32

Faixa 67 – Música 33
Faixa 68 – Música 34
Faixa 69 – Exercício 56
Faixa 70 – Exercício 57
Faixa 71 – Exercício 58
Faixa 72 – Música 35

Faixa 73 – Música 36
Faixa 74 – Música 37
Faixa 75 – Música 39
Faixa 76 – Exercício 66
Faixa 77 – Música 44

Arquivos de áudio *play-a-long* em MP3 estão disponíveis para *download* gratuito em:

vitale.com.br/downloads/audios/437-M.zip

ou através do escaneamento do código abaixo:

Obs.: Caso necessário, instale um software de descompactação de arquivos.

INTRODUÇÃO

Clarineta fácil é um trabalho desenvolvido, antes de mais nada, com muita dedicação e alegria! As relações que construí ao longo de décadas, seja com o instrumento, com o ofício em si e, consequentemente, com a didática e performance musicais são caracterizadas por desmedida paixão!

Ao receber o convite do professor Celso Woltzenlogel – a quem desde já agradeço e manifesto, publicamente, minha profunda admiração e respeito –, percebi o quão abençoado sou, por poder unir trabalho e prazer num mesmo propósito. Não imagino tarefa mais plena. Tocar é meu feliz destino, enquanto lecionar se revela uma inquietante e maravilhosa missão. Amo o que faço! Escrever é aprender e se surpreender.

Respiro música e meu maior prazer se reflete na perspectiva de "tocar" pessoas, buscando retribuir o que a vida e meus mestres (destaco, principalmente, Affonso Reis, José Carlos de Castro, José Botelho e José Freitas) me proporcionaram.

Trabalhar com alunos avançados é um desafio delicioso. Há tempos trilhando tal caminho, percebo que quem aprende mais, no fim das contas, sou eu mesmo. Agradeço cada ensinamento proporcionado por tantos alunos com quem tive a alegria de trabalhar. Imenso é o real prazer em ver replicados efetivos resultados e algum legado que as permita prosperar, brilhar, multiplicar.

Aos alunos iniciantes sempre dediquei o mesmo empenho, ciente da imensa responsabilidade e das distintas dificuldades que caracterizam tal trabalho. Como se sabe, é de fundamental importância a construção de uma sólida base de aprendizagem, desde os primeiros passos. Música é um caminho longo e muito complexo. Quando nos cercamos de um ambiente favorável, os obstáculos se veem relativizados. Estando as dificuldades em nosso próprio entorno, a estrada parece sem fim.

Muito se fala em talento. Sem desmerecer tal conceito, "aposto minhas fichas", entretanto, no trabalho deliberado, efetivo, desenvolvido com muita sensibilidade, dedicação, raciocínio, objetivos claros e factíveis, comprometimento e boas ferramentas. De imenso valor pode ser o contexto que cerca o trabalho com bandas de música e conjuntos variados, onde o próprio aspecto social torna-se um catalisador. Cada indivíduo ajuda o próximo, seja com ensinamentos, materiais ou estímulo ao trabalho, à persistência. A prática em conjunto e a oportunidade de, a todo tempo, deparar-se com novas propostas musicais e apresentações em público potencializam o efeito inebriante que a vivência musical proporciona.

A prática solitária, por sua vez, pode revelar-se igualmente agradável e absolutamente valiosa. No entanto, mesmo em situações estimulantes e favoráveis, a ausência de boas ferramentas de apoio (tanto instrumentos e acessórios, quanto, sobretudo, métodos de estudo e boa transmissão de conteúdo) pode colocar tudo a perder. O estudo de base técnica, de escalas e arpejos, bem como de notas longas e todo o trabalho de construção do domínio de emissão do som, representam algo de grande relevância. Da mesma forma, a prática de repertório que estimule tanto o prazer quanto o progresso, deve fazer parte da rotina de estudos. Também de fundamental importância é o desenvolvimento de atributos como organização, planejamento, disciplina e coerência no sequenciamento do estudo. Ou seja, não apenas a qualidade das informações transmitidas importa, devendo haver também uma lógica funcional, assertiva e abrangente no tocante à condução da prática musical.

Humildemente busco, neste trabalho, manipular a fórmula iniciada e consagrada pelo professor Celso Woltzenlogel, aplicando, à didática da clarineta, os excelentes preceitos utilizados em trabalhos publicados pela Editora Irmãos Vitale. Dessa forma, visamos oferecer ao aluno iniciante o acesso a estudos eficazes através de um ambiente lúdico e construtivo.

São apresentadas 10 lições, com proposições teóricas e práticas. Os preciosos arranjos elaborados pelo grande músico e compositor Hudson Nogueira transformam a prática musical em algo absolutamente "viciante". A vontade de aprender, em detalhes, cada lição e construir, não apenas uma sólida base de conhecimento, mas também um rico repertório (com exemplificações e acompanhamentos), transformam as muitas horas dedicadas ao instrumento em momentos de imenso prazer e amplo crescimento.

O referencial de afinação praticado neste caderno de estudos é o diapasão 442 Hz (Faixa 01). Convém ao aluno checar a própria afinação antes da prática com os áudios, fazendo uso de um afinador eletrônico (ou aplicativos do gênero) e ajustando-o ao padrão mencionado. Nas lições 1 a 4, convém tocar a nota Sol3 (posição "solta" na clarineta, representando, como som real, a nota Fá3) para proceder tal checagem de afinação. A partir da lição 5, a nota Si3 (Lá3 como som real) passa a ser o referencial para tal procedimento. Músicas e exercícios que não constam nos áudios podem ser acessados nos sites do autor e da editora.

Dedico este trabalho a duas figuras humanas incríveis, muito amadas e que tanto me ensinaram e apoiaram: minha irmã Sheila Alves (1964-2017) e o maestro Affonso Reis (1916-2011). Agradeço especialmente ao grande amigo e músico Cesar Bonan pela fundamental colaboração na elaboração deste projeto, sem o qual o mesmo não seria possível.

Agora é seguir cada passo proposto, estudando com afinco, deixando que a música o leve às mais variadas e belas direções possíveis. A viagem promete! Vamos em frente!

ASPECTOS HISTÓRICOS

A clarineta é um instrumento de sopro, pertencente à família das madeiras (existem também instrumentos fabricados em resina, acrílico ou metal) e seu corpo se assemelha ao formato de um cilindro (figura A), sendo o som produzido por meio da vibração de uma palheta simples (figura B). Sua origem remonta ao chalumeau, que vem a ser um instrumento construído em uma peça de madeira talhada em sua extremidade superior, por meio da qual se formava uma lingueta que funcionava como uma palheta (figura C).

Por volta de 1690, Johann Christopher Denner – pertencente à uma família de construtores de instrumentos (Nuremberg, Alemanha) – adaptou algumas chaves ao chalumeau que possibilitaram, entre outras coisas, um maior controle na execução de notas agudas. Surgia, então, este fantástico instrumento que conhecemos por clarineta.

Dizia-se que sua sonoridade lembrava o som dos clarins, daí o termo "clarinete", numa alusão à um "pequeno clarim". Sendo a palavra "chalumeau" extraída da língua francesa e "clarinette" (em francês) um termo de gênero feminino, justifica-se a manutenção do referido gênero na língua portuguesa ("clarineta"). Portanto, não há razão para estabelecer que um dos possíveis termos esteja "equivocado". Que assim seja: clarinete ou clarineta!

A família das clarinetas é bem extensa e variada! Estima-se que quase 30 instrumentos possam ser considerados "membros" desta "Grande Família". Bem pequeninos ou muito grandes, abrangem distintos formatos e características (figura D).

Consolidaram-se, ao longo do tempo – sendo utilizados amplamente em diversos estilos e formações musicais –, os seguintes instrumentos (representados na figura E):

1) Clarineta piccolo – requinta (em Mi bemol: Mib)

2) Clarinetas soprano – clarineta em Si bemol (Sib), instrumento referencial da família e objeto deste método) e clarineta em Lá (muito utilizada no repertório sinfônico e solista);

3) Clarineta baixo – clarone (em Sib), instrumento que soa uma oitava abaixo da clarineta soprano.

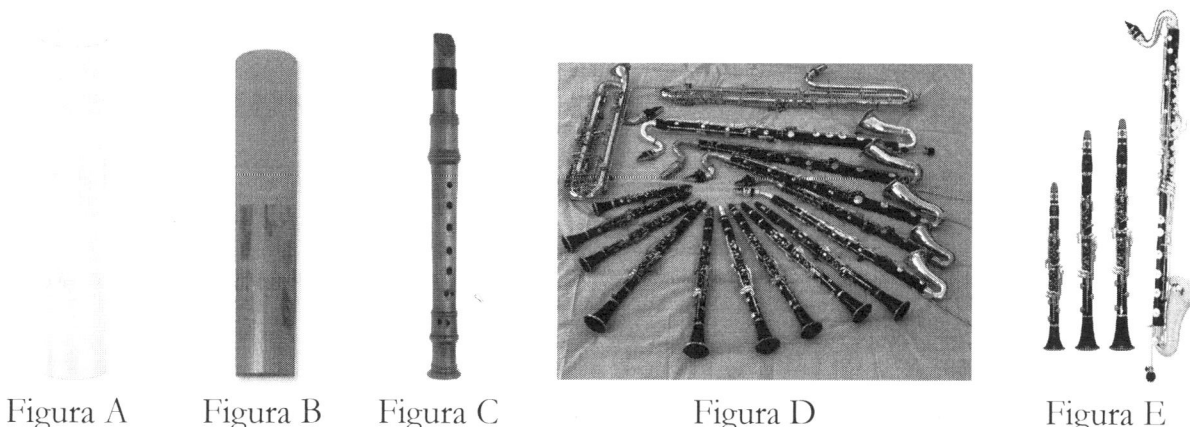

Figura A   Figura B   Figura C   Figura D   Figura E

Lição 1
DEFININDO O OBJETO DE ESTUDO

A clarineta em Sib vem a ser um "instrumento transpositor". Instrumentos como piano, violão, violino, flauta, entre tantos outros, são conhecidos como "instrumentos em Dó", o que significa que, ao tocar uma nota Dó, o que se escuta enquanto "som real" (frequência referencial definida em hertz) é a própria nota Dó. Logo, não ocorrerá a transposição de tom nestes casos. A clarineta em Sib proporciona a seguinte situação: ao se tocar a nota Dó, o que soa (em termos de "som real") é um Sib, ou seja, um tom abaixo. Logo, para que uma clarineta e uma flauta toquem a nota Dó em uníssono (mesmo som), a clarineta deve emitir a nota Ré (um tom acima), enquanto a flauta produz a nota Dó.

Estando as melodias propostas neste método escritas para clarineta em Sib, as cifras a serem tocadas por um instrumento em Dó (violão ou piano, por exemplo) devem estar um tom abaixo das cifras escritas para instrumentos em Sib. Por esta razão, duas cifras constarão acima da linha melódica em cada trecho apresentado. Em primeiro plano, verifica-se a cifra para instrumentos em Sib e, entre parênteses, a cifra "real" (para instrumentos não transpositores, facilitando também a prática em conjunto junto a colegas que executem instrumentos em Dó).

Parte A – Conteúdo teórico

A proposta deste caderno de estudos é permitir ao aluno adquirir certo grau de fluência musical, aliando princípios teóricos e conceitos básicos da prática à clarineta. Conteúdos serão, portanto, abordados de forma concomitante e gradativa.

Princípios da teoria musical

Pentagrama ou pauta: nome dado ao conjunto de cinco linhas e quatro espaços destas resultantes, onde são escritas as notas musicais. As linhas são contadas de baixo para cima, como ilustra a figura 1. Não sendo suficientes para a grafia de todas as notas existentes, verifica-se a utilização de linhas e espaços suplementares inferiores (abaixo do pentagrama) e superiores (acima do pentagrama), como observado na figura 2.

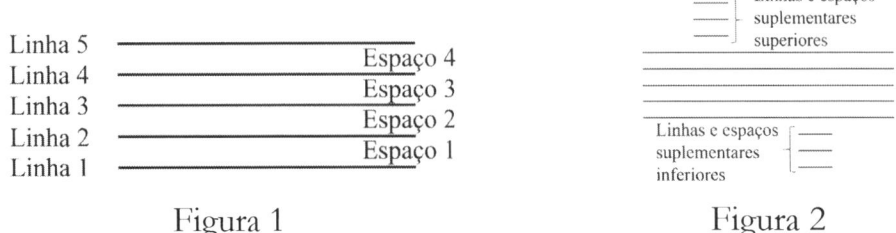

Figura 1   Figura 2

Clave: símbolo posicionado no início do pentagrama que serve de referência para a nomenclatura das notas a serem utilizadas. Existem distintos tipos de clave. A clave de Sol é utilizada referencialmente na prática musical à clarineta. Seu contorno ilustrativo tem, como base de construção, a 2ª linha, sendo a nota ali posicionada definida como "Sol" (figura 3). Existem ainda as seguintes claves: clave de Fá – esta constituída sobre a 4ª linha e comumente utilizada para instrumentos ou vozes de tessitura mais grave; e claves de Dó – tendo suas bases nas cinco linhas da pauta (figura 4).

Figura 3   Figura 4

Notação na clave de Sol: Considerando a ordem (ascendente) em que as notas aparecem numa escala musical (Dó-Ré-Mi-Fá-Sol-Lá-Si-Dó...), verifica-se abaixo os nomes das notas posicionadas dentro dos limites da pauta e os nomes das notas posicionadas sobre as cinco linhas e nos quatro espaços desta (figura 5).

Figura 5

Ritmo: Existem distintas figuras rítmicas – e respectivas pausas – utilizadas individualmente, de forma combinada ou "alterada" (pontos de aumento, quiálteras, síncopas – temas a serem abordados oportunamente), que compõem a estrutura rítmica de uma obra musical. A tabela exposta na figura 6 apresenta figuras básicas, com seus respectivos nomes e pausas correspondentes (além de números referenciais a serem contextualizados mais adiante).

Nº	Figura	Pausa	Nome da figura
1	o	—	Semibreve
2	♩	—	Mínima
4	♩	𝄽	Semínima
8	♪	𝄾	Colcheia
16	♬	𝄿	Semicolcheia
32	♬	𝅀	Fusa
64	♬	𝅁	Semifusa

Figura 6

Oitavas: Sendo sete as notas musicais, após a sequência destas, retorna-se à primeira nota do ciclo, ou seja (exemplos partindo das notas Dó e Sol): Dó-Ré-Mi-Fá-Sol-Lá-Si-Dó-... / Sol-Lá-Si-Dó-Ré-Mi-Fá-Sol-.... As oitavas caracterizam, portanto, essa sucessão de ciclos que podem ser observados quando a oitava nota (mais aguda ou mais grave) é homônima (Dó-Dó, Ré-Ré...) à nota referencial. Para diferenciar as distintas notas homônimas, são dados números específicos, que representam as diferentes alturas – ou tessituras (quanto menor o número, mais grave a nota; quanto maior, mais aguda). O ponto de partida para a mudança de registro é sempre a nota Dó. A figura 7 apresenta a notação completa da tessitura comumente alcançada pela clarineta.

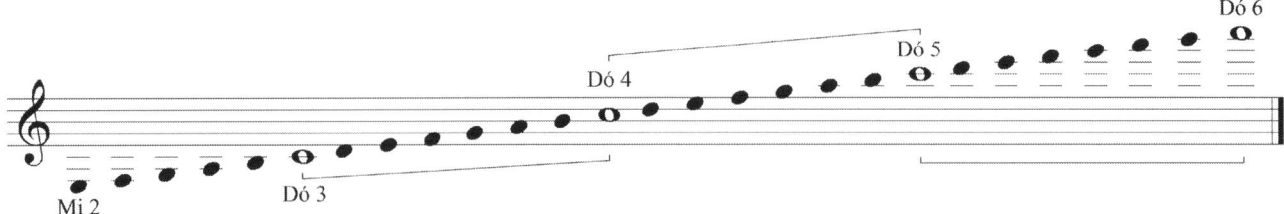

Figura 7

Compasso: agrupamento de figuras rítmicas e combinações destas que geram padrões específicos. A barra de compasso (|) permite uma melhor organização visual de uma partitura (obra completa).

Compassos simples: Trabalharemos, inicialmente, com os compassos 2/4 ("dois por quatro" – binário), 3/4 ("três por quatro" – ternário) e 4/4 ("quatro por quatro" – quaternário). Nestes cenários, o denominador representa a "qualidade" da referência métrica, ou seja, qual figura rítmica específica será adotada. Observa-se que nos três compassos mencionados, o número 4 faz-se presente, significando que a semínima valerá um tempo (observar a tabela exposta na figura 6). O indicador representa a "quantidade", ou seja, quantas repetições da figura rítmica referencial irão preencher cada compasso, como exemplifica a figura 8.

Figura 8

Ponto de aumento: Um ponto situado depois da nota indica que a duração rítmica total da figura será seu valor original acrescido da metade deste. Dessa forma, uma figura de dois tempos, por exemplo, seguida de um ponto de aumento, passará a valer três tempos (𝅗𝅥. = 𝅗𝅥 + 𝅘𝅥).

Barra dupla (‖): pode ser utilizada para delimitar o fim de um trecho musical específico.

Barra final (𝄂): utilizada para indicar a conclusão de uma obra musical ou movimento desta.

Anacruse: Indica que o início do trecho musical se dá em momento um pouco anterior (menos da metade de duração do compasso) ao primeiro tempo do compasso inicial, como indicado na figura 9.

Figura 9

Parte B – Conteúdo Prático

A clarineta é constituída por cinco partes: campana (ou campânula); corpo inferior, 2º corpo ou corpo da mão direita; corpo superior, 1º corpo ou corpo da mão esquerda; barrilete; boquilha (figura 10). Alguns modelos de clarinetas são compostos por quatro partes, em função da junção dos corpos inferior e superior.

A boquilha é assim constituída: mesa, trilhos, janela, ponta, bisel e tenon – este revestido por cortiça (figura 11). A palheta é uma peça feita à base de cana (há também palhetas constituídas por materiais sintéticos) e responsável pela vibração que inicia o som na clarineta. A braçadeira mantém a palheta ajustada à boquilha, enquanto o protetor de boquilha envolve as mesmas (figura 12).

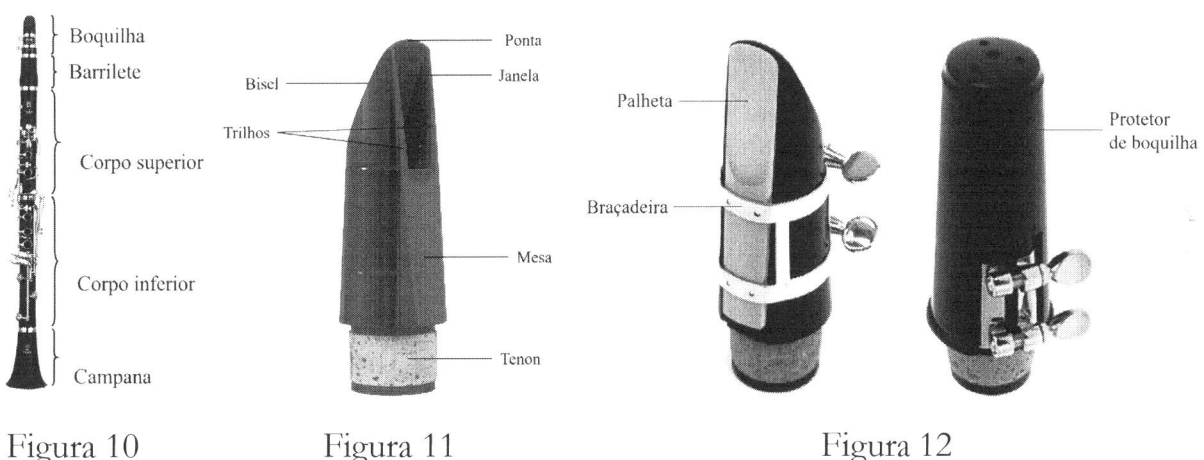

Figura 10   Figura 11   Figura 12

Montagem e desmontagem

Montagem: Inicialmente, convém destacar que a cortiça que envolve o tenon – não apenas na boquilha, como também nos corpos do instrumento (figura 13) –, não deve estar por demais espessa em nenhum ponto, de modo a tornar a junção dos corpos, se não difícil, inviável.

Nestes casos, não se deve, em hipótese alguma, forçar a montagem das peças, sob risco de causar sérias avarias ao instrumento, sendo necessário, portanto, desbastar a cortiça. Quando muito folgada, a cortiça deve ser substituída por outra de adequada espessura. Como paliativo, pode ser utilizada uma fita "veda-rosca", até que um reparo definitivo seja efetuado. Recomenda-se sempre a contratação de serviços profissionais de um luthier qualificado, a menos que o aluno disponha de adequado conhecimento e ferramentas para promover os ajustes necessários.

Convém, mesmo que as espessuras das cortiças estejam ajustadas, fazer uso frequente de vaselina nas mesmas (existem produtos próprios para tal uso, comercializados por empresas do ramo de instrumentos e acessórios) face ao natural ressecamento destas.

Na montagem da clarineta, convém iniciar pela junção da campana ao corpo inferior. Orienta-se não girar as peças e sim empurrar levemente uma contra a outra (figura 14), evitando que a cortiça se rompa.

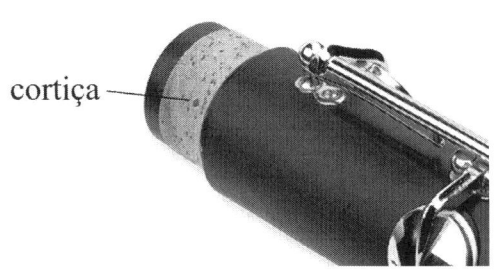
Figura 13

Figura 14

Quando da adição do corpo superior, o anel central deste deve ser acionado, de modo a suspender a "ponte metálica" situada na junção dos corpos. As figuras abaixo apontam a ação mencionada, sugerindo um adequado manuseio das peças que, por fim, devem estar alinhadas.

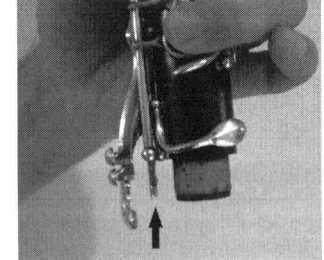
Figura 15a

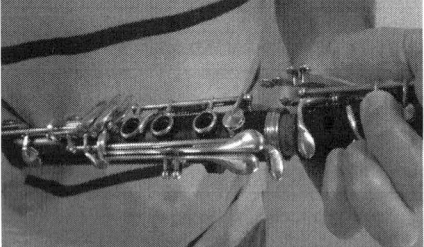
Figura 15b

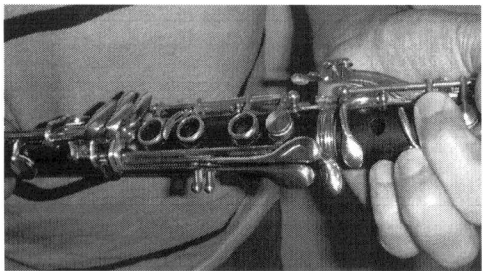
Figura 15c

Figura 15d

Figura 15e

Em seguida, o barrilete é unido ao conjunto já montado. A boquilha é a última parte a ser inserida, devendo estar bem alinhada ao instrumento. Todo o procedimento é ilustrado a seguir:

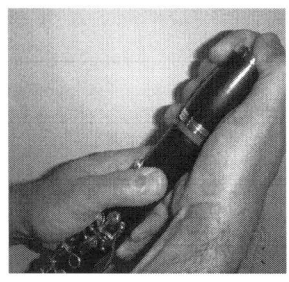
Figura 16a

Figura 16b

Figura 17a

Figura 17b

A palheta deve ser umedecida, sendo levada à boca ou inserida (por pouco tempo: menos de um minuto) em um recipiente com água filtrada (figuras 18 e 19).

Figura 18

Figura 19

Tal ação – assim como todo o processo de montagem e desmontagem do instrumento – demanda bastante cuidado e deve haver o adequado posicionamento da palheta em relação à boquilha. Com a palheta bem posicionada junto à boquilha e mantida pela ação do polegar, deve-se agregar, cuidadosamente, a braçadeira ao conjunto boquilha-palheta. As figuras abaixo ilustram o exposto:

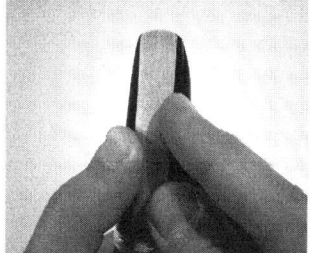
Figura 20a

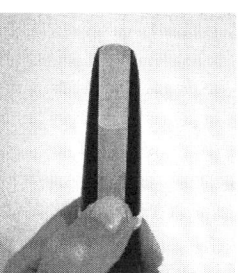
Figura 20b

Figura 21a

Figura 21b

Convém que, durante tal ajuste, a braçadeira não esteja muito "apertada", logo, a mesma deve ser "alargada" consideravelmente (acionando os mecanismos de ajuste – parafuso ou corda, dependendo do modelo) de modo a fazer "sobrar espaço" para o posicionamento e posterior travamento ("fechamento" da mesma), que não deve oferecer demasiada pressão sobre a palheta.

Com o instrumento montado, não convém segurá-lo pela boquilha ou pelo barrilete, e sim pelo 2º corpo ou pela campana.

Desmontagem: Sugere-se seguir o processo inverso ao da montagem, qual seja:
- Retira-se a braçadeira e, em seguida, a palheta;
- Na sequência, retira-se a boquilha e o barrilete;
- Para separar os corpos superior e inferior, deve-se, uma vez mais, acionar o anel central daquele, até a completa desinserção. As peças não devem "girar" (figura 22a), evitando assim a sobreposição de chaves e/ou a ruptura da cortiça. A figura 22b ilustra a ação mais indicada neste contexto.

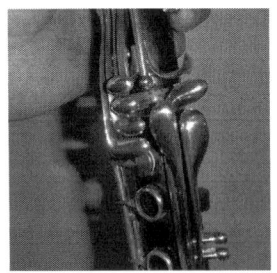
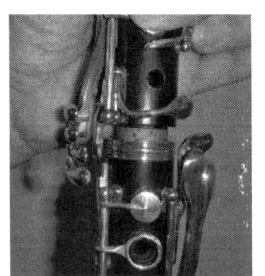

Figura 22a   Figura 22b

- Ao separar o corpo inferior e a campana, o processo estará concluído.

Cuidados gerais:

Deve-se manter sempre a cautela no manuseio do instrumento. Dada a fragilidade mais evidente da palheta, convém atentar, especialmente, para possíveis "esbarrões" que possam danificá-la. Um exemplo claro na frequente verificação de avarias provocadas neste contexto ocorre quando, ao olhar a clarineta buscando a posição a ser utilizada, o aluno acaba por "roçar" a boquilha (com a palheta ali alocada) na camisa (figura 23).

Situação similar se dá quando, sentado e situado próximo à uma parede, o aluno promove a mesma ação e, manuseando inadequadamente o instrumento, esbarra com a boquilha na parede (figura 24), podendo promover irreversíveis danos não apenas à palheta, como também à boquilha. Se necessário, visualizar a posição a ser utilizada, recomenda-se, por exemplo, o procedimento ilustrado na figura 25, por meio do qual pode-se evitar danos como os acima mencionados.

Deve-se limpar bem o instrumento – por dentro e por fora –, diariamente. O processo de secagem interna da clarineta requer um pano especial com dimensões específicas e dotado de um peso em sua extremidade.

Figura 23   Figura 24   Figura 25

Para limpar as chaves, convém utilizar uma flanela limpa e seca, em bom estado, de modo a impedir que o instrumento não se deteriore. A palheta não deve, em geral, ser tocada ou manipulada em sua face, de modo a evitar, além de danos físicos, também o acúmulo de sujeira. Ao ajustar a posição da palheta, quando agregada ao conjunto completo (aí incluídos boquilha e braçadeira), recomenda-se o ajuste com os polegares atuando sobre as laterais da palheta (como ilustrado nas figuras 20a e 20b).

Emissão do som – princípios básicos: A sonoridade na clarineta é obtida por meio da vibração da palheta contra a boquilha. Logo, torna-se fundamental a busca por adequados ajustes na posição da palheta e, sobretudo, na pressão do maxilar e lábio inferiores sobre a mesma. Tais procedimentos resultam numa configuração específica enquanto posicionamento, pressão e controle das ações relativas à musculatura facial, comumente conhecida como "embocadura".

Recomendações para uma embocadura eficiente: Existem diversos conceitos que cercam não apenas a embocadura, como todo o processo que envolve a emissão do som na clarineta. De início, convém destacar que os dentes incisivos (no maxilar superior) deverão tocar a boquilha em sua face superior – o bisel (figura 26) –, enquanto o lábio superior ali repousará naturalmente, em paralelo aos dentes (figura 27). Recomenda-se o uso de um plástico adesivo (existem produtos especialmente confeccionados para este fim e de fácil acesso), de modo a proteger a boquilha de marcas produzidas pelos dentes ou mesmo de perfurações em sua superfície, além de evitar que os dentes "deslizem" sobre a boquilha de forma indesejada. O lábio inferior deverá estar dobrado, envolvendo os dentes, sendo a palheta levemente tocada e controlada, mantendo-se sutilmente enrijecida a região logo acima do queixo. A figura 28 ilustra o exposto:

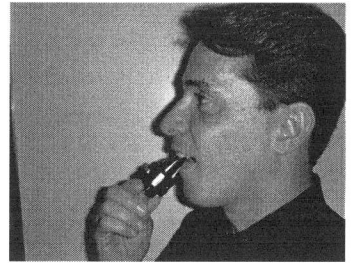 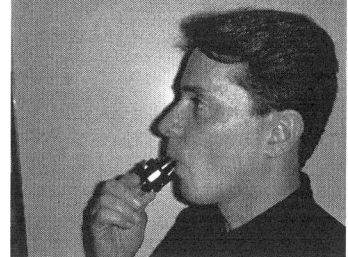 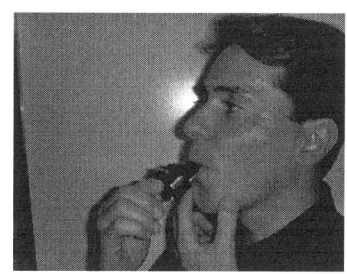

Figura 26　　　　　Figura 27　　　　　Figura 28

Recomenda-se, portanto, que sejam evitados:

a) Dobramento do lábio superior, impedindo que os dentes toquem a boquilha (figura 29);

b) Dobramento "para fora" do lábio inferior (figura 30).

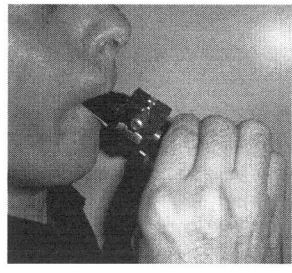 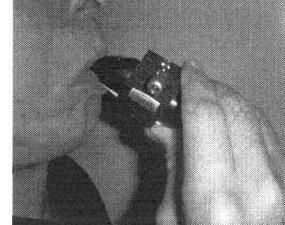

Figura 29　　　　　Figura 30

Assimiladas as informações anteriores, convém que o músico "prepare" a embocadura previamente, "ensaiando" a ação de maneira ordenada e consciente. Dessa forma, propõe-se ao aluno a seguinte sistemática:

a) Abrir razoavelmente a boca;
b) Dobrar o lábio inferior, envolvendo os dentes e enrijecendo sutilmente a parte situada entre o lábio e o queixo;
c) Segurar o instrumento próximo ao corpo;
d) Lentamente, introduzir a boquilha na boca;
e) Quando alcançada a posição pretendida, ajustam-se calma e naturalmente os maxilares, cerrando a boca. Os dentes atuarão sobre o bisel (auxiliando no suporte e na sustentação do instrumento) e o lábio inferior tocará a palheta.

Agora é fazer a clarineta soar! Sem apertar demasiadamente a palheta com o lábio inferior, o aluno deverá buscar, como meta básica, soprar de maneira focada, fazendo com que o ar adentre o instrumento em sua plenitude, ou seja, evitando escapes de ar pelas laterais da boca ou mesmo a retenção de ar nas bochechas (figura 32). As figuras abaixo ilustram o exposto:

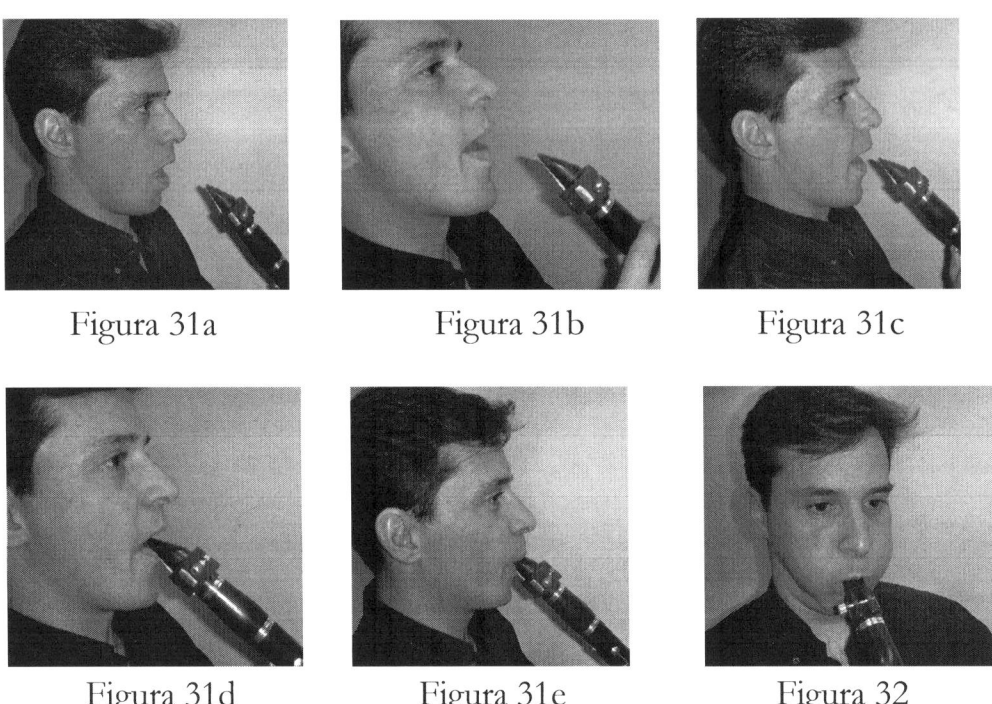

Figura 31a   Figura 31b   Figura 31c

Figura 31d   Figura 31e   Figura 32

É importante que conheçamos o instrumento no que se refere à disposição de chaves e anéis. As figuras 33 apresentam a estrutura referencial por meio da qual conduziremos nossos estudos.

Figura 33a

Figura 33b

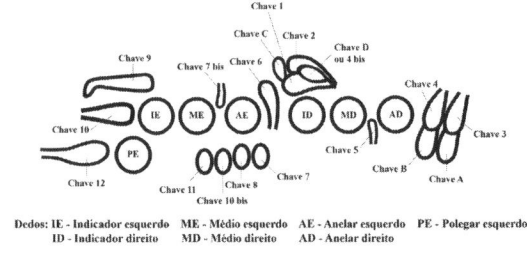

Figura 33c

Exercícios práticos

Agora que o aluno dispõe de informações fundamentais para o início da prática à clarineta, vamos à ação, executando os exercícios sugeridos. Nos áudios, o aluno escutará uma pulsação rítmica referencial, a qual será procedida ao longo dos estudos. Após 4 tempos de espera, será ouvida a referência fornecida pelo professor e, logo a seguir, o aluno tocará (também por 4 tempos) a mesma nota em questão.

Exercício 1: O aluno fará soar a nota Sol³, cuja posição de execução é a chamada "totalmente solta", ou seja, sem que nenhuma chave seja acionada, ou orifício coberto. Convém ressaltar que o polegar direito deve estar sempre posicionado junto à base de apoio existente no 2º corpo, estando os dedos não muito distantes dos orifícios (faixa 2):

Exercício 2: A nota Fá³ será obtida com a utilização da posição indicada abaixo (faixa 3):

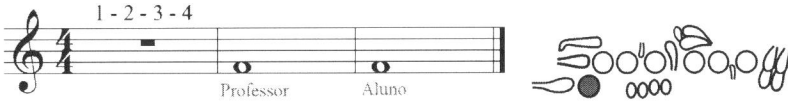

Exercício 3: A nota Mi³ será obtida no exercício 3 através da posição ilustrada (faixa 4):

Exercício 4: A nota Ré³ será obtida com a utilização da posição indicada a seguir (faixa 5):

Exercício 5: A nota Dó³ será obtida através da posição ilustrada (faixa 6):

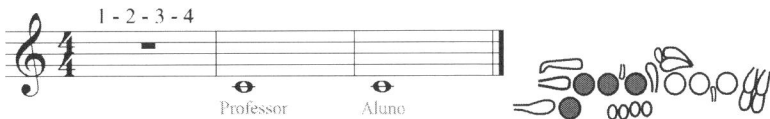

Exercício 6: A nota Lá³ será obtida com a utilização da posição indicada (faixa 7):

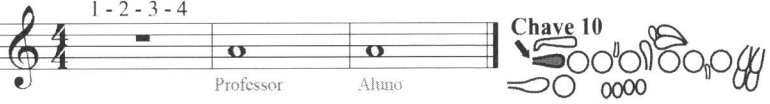

Após produzir todas as notas acima propostas, o aluno deverá executá-las em sequência, seguindo o modelo abaixo. A sequência contemplará as notas Sol³, Fá³, Mi³, Ré³ e Dó³, para, posteriormente, iniciarmos a série ascendente, que irá até a nota Lá³, retornando e concluindo na nota de origem, Sol³.

Exercício 7:

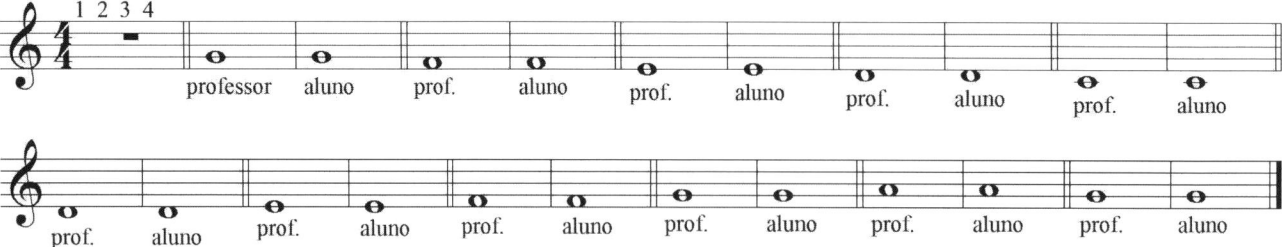

Músicas

A seguir, serão propostas músicas, cuja tessitura abrange a região estudada. Devem ser praticadas bem lentamente, inicialmente sem a utilização dos áudios, para que, calma e atentamente, seja assimilada cada posição indicada. Deve-se tocar de forma regular e controlada, seguindo o ritmo indicado. A adequada velocidade de execução (baseada nos exemplos sonoros fornecidos) será alcançada aos poucos. Não existem "atalhos": o aluno deve ser paciente, pois a evolução é gradativa. Ao conquistar maior segurança e fluência, o aluno estará apto a tocar com o áudio anexo. O símbolo representado pela vírgula (') se refere a pontos sugeridos para respiração. Tais sugestões se justificam, sobretudo, na inexistência de pausas ou quando as mesmas se situam em pontos um tanto distantes. Vamos lá! O estudo pode e deve ser, além de eficiente, muito prazeroso!

As faixas 8 a 15 oferecem exemplos práticos de oito músicas propostas abaixo.

Música 1 (faixa 8):

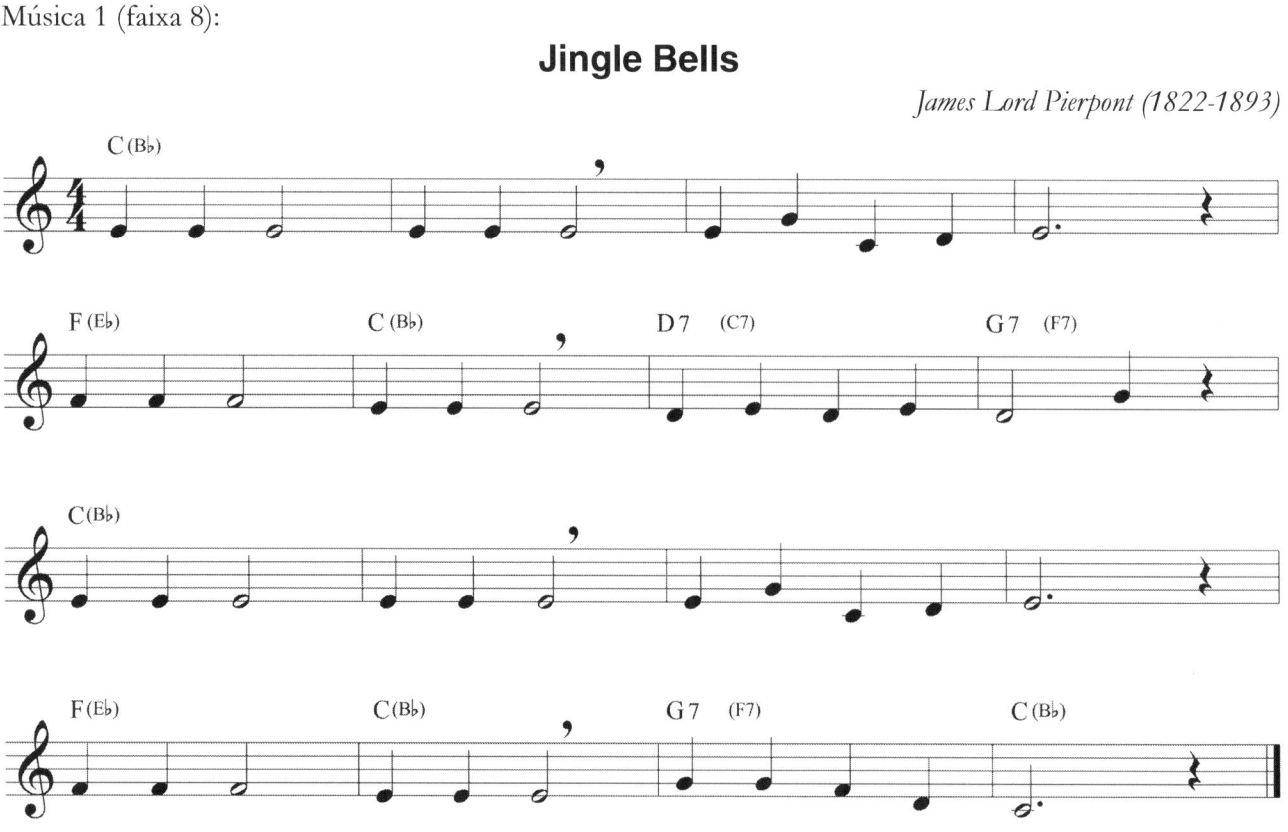

Domínio Público

Música 2 (faixa 9):

Brilha, Brilha Estrelinha!

Wolfgang Amadeus Mozart (1756-1791)

Domínio Público

Música 3 (faixa 10):

Ode à Alegria

Ludwig van Beethoven (1770-1827)

Domínio Público

Música 4 (faixa 11):

When The Saints Go Marching In

Hino gospel americano

Música 5 (faixa 12):

Eu Sou Pobre, Pobre

Folclore brasileiro

Lição 2
PARTE A – CONTEÚDO TEÓRICO

Princípios da teoria musical:

Por tradição, a língua italiana é utilizada como referência no universo musical, como perceberemos ao longo do estudo.

Articulações: São símbolos utilizados para representar distintas formas de articular as notas e sustentar o som. Segundo definição da teoria musical, uma nota em staccato deve ser executada de forma a reduzir a mesma à metade de seu valor original (sendo a metade restante preenchida por pausa). Decorre o entendimento de que, na prática, a nota deve ser, efetivamente, tocada de maneira "destacada" e curta.

Quando notas são unidas e tocadas sem interrupção, caracteriza-se o que se conhece por legato. Pontos sobre as notas simbolizam os *staccatos*, e arcos unindo as notas representam as "ligaduras", como ilustram as figuras 34 e 35.

Tais proposições podem se dar, também, pelo uso das palavras *staccato* ou *legato* junto ao trecho musical correspondente.

Quando não há indicação específica de *staccato* ou *legato*, as notas devem ser executadas de forma "separada" ou "com ataque" (golpe de língua), devendo as mesmas soar, contudo, nem tão curtas quanto em staccato ou unidas em *legato* (figura 36). Existem outras variantes de articulações, a serem conhecidas oportunamente.

Figura 34   Figura 35   Figura 36

Dinâmicas: São símbolos utilizados nas partituras, que se caracterizam pela proposição do "volume de som" a ser conferido a notas – isoladas ou conjuntos destas – e trechos musicais. Patamares dinâmicos conhecidos são, por exemplo, os chamados piano – quando menos "intenso" – e forte, quando mais "vigoroso".

Existem variantes sutis e abrangentes, tanto entre os patamares piano e forte (quais sejam: *mezzo-piano* e *mezzo-forte*), como para além destes (*fortíssimo, fortissíssimo* e *pianíssimo, pianissíssimo*, por exemplo). A figura 37 ilustra nomes e símbolos relativos às dinâmicas utilizadas, em ordem "crescente" (do menos intenso ao mais vigoroso).

ppp	*pp*	*p*	*mp*	*mf*	*f*	*ff*	*fff*
pianissíssimo	*pianíssimo*	*piano*	*mezzo-piano*	*mezzo-forte*	*forte*	*fortíssimo*	*fortissíssimo*

Figura 37

Acentos: São símbolos utilizados nas partituras (conforme ilustra a figura 38) que visam destacar certas notas (no que se refere à "dinâmica", ou seja, conferindo maior intensidade às mesmas) dentro de um contexto melódico.

Figura 38

Há de se ressaltar que o referido "realce" à nota assinalada deve respeitar sempre a dinâmica referencial do trecho musical, ajustando-se ao caráter expressivo em questão.

PARTE B – CONTEÚDO PRÁTICO

Emissão do som: Cuide para que a musculatura facial não esteja por demais tensa, inclusive nas laterais da boca. Há casos em que se verifica certo escape de ar por tais pontos. Na busca por evitar tal situação, há quem entenda ser necessário pressionar a musculatura lateral da face, não atentando para o fato de que a boa vedação da embocadura depende, basicamente, de justo posicionamento e ajuste adequado dos lábios, e não demasiada pressão na musculatura facial.

Cada pessoa traz em si particularidades – inclusive físico-musculares – que podem ocasionar, por vezes, ações consideradas "fora de padrão". Portanto, o quanto a boca será introduzida na boquilha, por exemplo, não é, propriamente, uma medida absoluta. No entanto, uma sugestão inicial de referência para o contato do lábio inferior com a palheta é o ponto onde esta começa a se "descolar" da boquilha, como ilustra a figura 39. Ainda assim, a constante pesquisa e busca de resultados guiará o aluno no entendimento de qual a melhor posição a ser adotada;

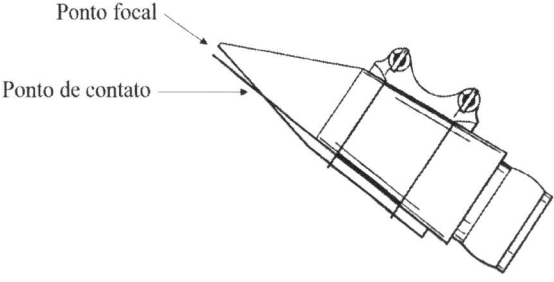

Figura 39

O ângulo formado entre o corpo e o instrumento não deve se aproximar muito de 90° (figura 40), tampouco de algo mais próximo a 0° (figura 41). Buscando uma área intermediária entre tais extremos (figura 42), pode-se obter uma posição funcional.

Figura 40   Figura 41   Figura 42

O golpe de língua direcionado à abertura da palheta (ponto focal) pode auxiliar na busca por uma boa emissão de som. Assim, deve-se evitar que a língua atue na parte de baixo da palheta, como ilustra a figura 43.

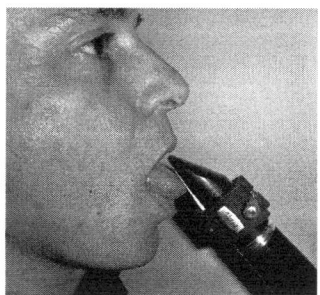
Figura 43

Associar a ação da língua à pronúncia da sílaba "tu" pode auxiliar na busca por uma emissão "focada", sem "desperdício" ou uso "parcial" do fluxo de ar. Ao pensar, num primeiro momento, na pronúncia da sílaba "tu" (consideravelmente "incisiva"), ao invés de "fu" (que tende a "espalhar" o fluxo de ar), busca-se favorecer a obtenção de uma sonoridade e afinação mais estáveis.

Respiração: Respirar é a ação mais elementar para qualquer indivíduo. No exercício da prática musical, a discussão do tema se mostra complexa e divergente, uma vez que várias teorias são apresentadas e praticadas.

É de fundamental importância o aprendizado acerca da otimização do manuseio do fluxo de ar. Para tanto, não convém inspirar simplesmente levantando os ombros e inflando o peito. A respiração relacionada à prática em instrumentos de sopro envolve também o uso da musculatura diafragmática, tema a ser melhor compreendido no decorrer dos estudos musicais. De início, convém perceber que, tal qual um copo é preenchido de água de baixo para cima, também a armazenagem de ar por meio da inspiração deve seguir esta "lógica ascendente".

Postura: Quando tocamos clarineta, podemos nos encontrar tanto em posição sentada, quanto de pé. É importante que alguns cuidados sejam observados.

Quando de pé, devemos evitar que os pés estejam demasiadamente juntos ou afastados, ou ainda muito desalinhados (figuras 44, 45 e 46). A figura 47 indica um adequado posicionamento.

 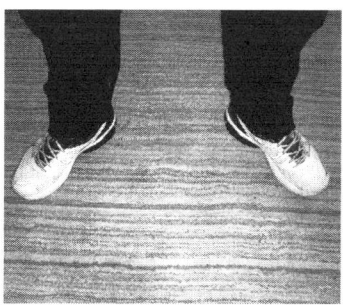 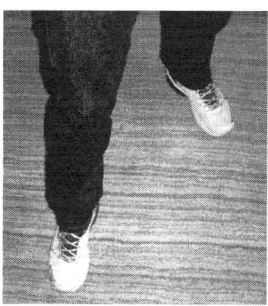 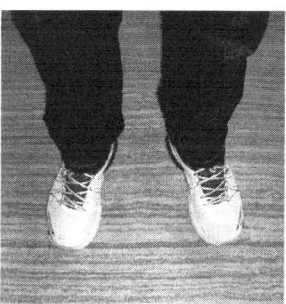

Figura 44   Figura 45   Figura 46   Figura 47

Quando sentado, convém evitar um acentuado e prejudicial curvamento da coluna, tal qual exposto na figura 48, bem como a posição adotada nas figuras 49 (inclinação do tronco para frente), 50 e 51 (posicionamento pouco indicado para as pernas). A figura 52 ilustra uma postura recomendável.

Figura 48

Figura 49

Figura 50

Figura 51

Figura 52

Tanto de pé quanto sentado, deve-se evitar a suspensão do ombro (figuras 53 e 54), ou ainda o demasiado afastamento dos braços em relação ao tronco (figura 55). Da mesma forma, não convém que os braços estejam colados ao corpo (figura 56) ou ainda apoiados em braços de cadeira. A figura 57 ilustra uma postura recomendável.

Figura 53

Figura 54

Figura 55

Figura 56

Figura 57

Exercícios

Exercício 8: A nota Si^2 será executada com a utilização da posição indicada (faixa 13).

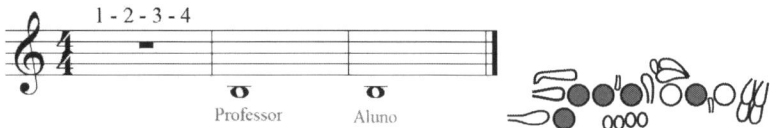

Exercício 9: A nota $Lá^2$ será obtida através da posição correspondente (faixa 14).

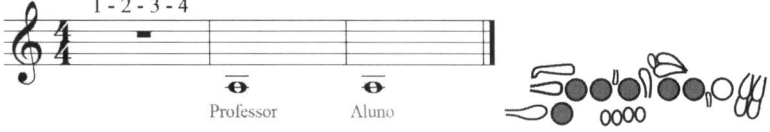

Exercício 10: A nota Sol^2 será obtida por meio da posição indicada (faixa 15).

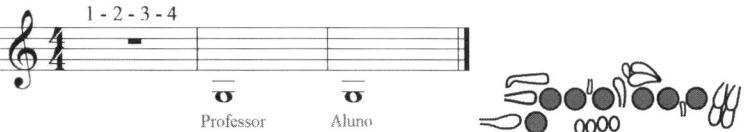

Exercício 11: A nota Fá^2 será obtida através da posição correspondente (faixa 16).

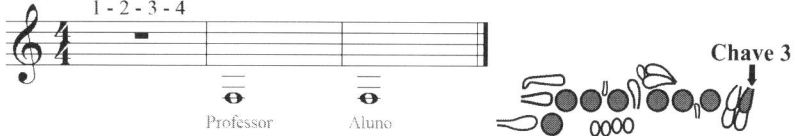

Exercício 12: A nota Mi^2 será obtida com a utilização da posição indicada (faixa 17).

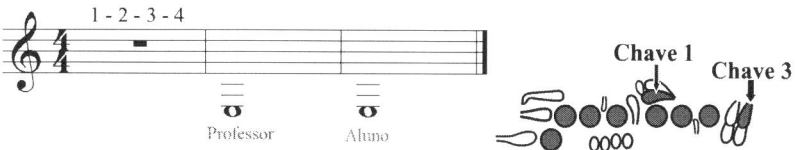

Após produzir todas as notas acima propostas, o aluno deverá executá-las em sequência, seguindo o modelo abaixo. A sequência contemplará as notas Dó^2, Si^2, Lá^2, Sol^2, Fá^2 e Mi^2, para, posteriormente, iniciarmos a série ascendente, finalizando na nota Dó^3.

Exercício 13:

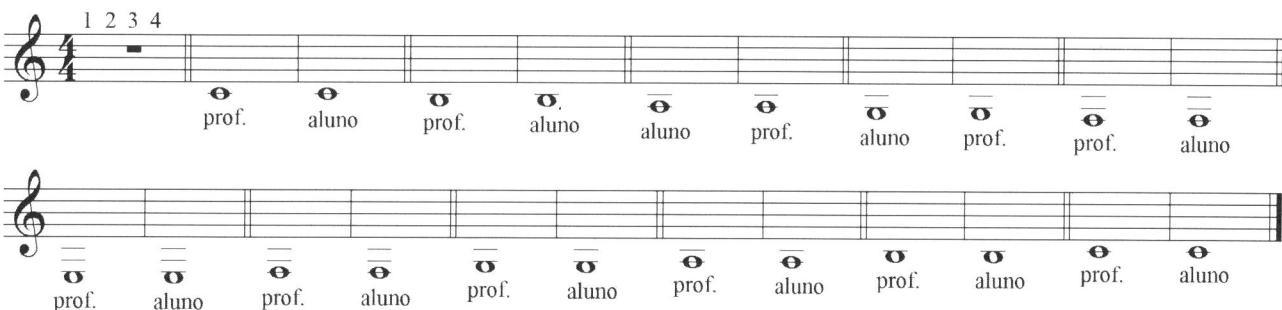

O próximo exercício contemplará todas as notas trabalhadas até este momento, iniciando pela nota Sol^3, descendo até o Mi^2, ascendendo ao Lá^3 (chave 10) e concluindo na nota de partida (Sol^3).

Exercício 14:

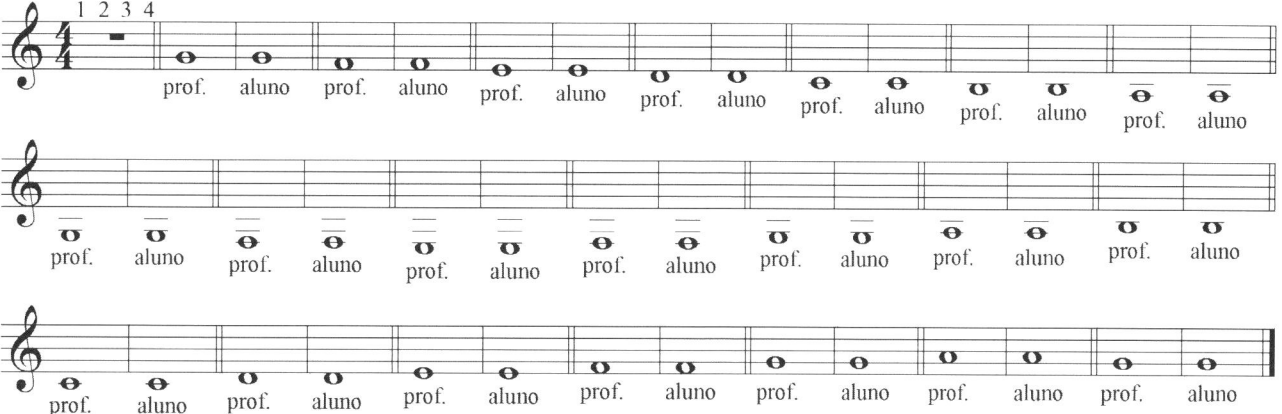

Realizado o exercício acima com sucesso, o aluno poderá executar a sequência completa – agora com ritmo composto por mínimas e sem alternâncias (professor/aluno) – como ilustra o exercício a seguir (faixa 18).

Exercício 15:

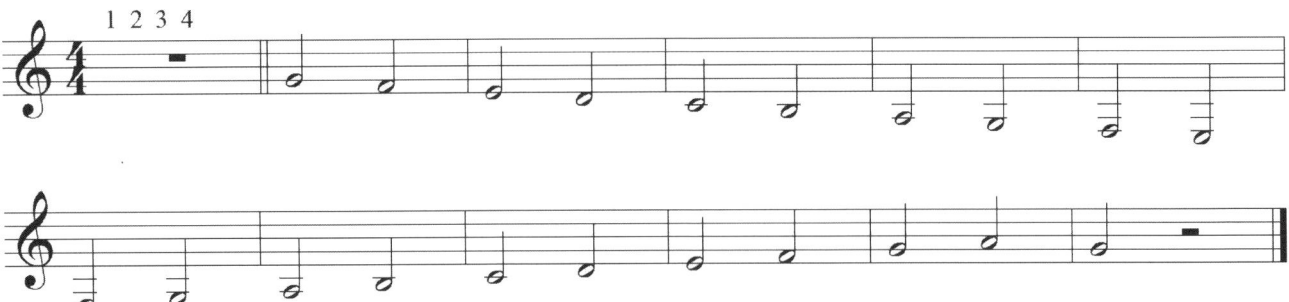

Músicas

Música 6 (faixa 19):

Marcha, Soldado!

Folclore brasileiro

Música 7 (faixa 20):

Cai, Cai, Balão

Folclore brasileiro

Música 8 (faixa 21):

Oh! Susanna

Stephen Collins Foster (1826-1864)

Domínio Público

Música 9 (faixa 22):

Ciranda, Cirandinha!

Folclore brasileiro

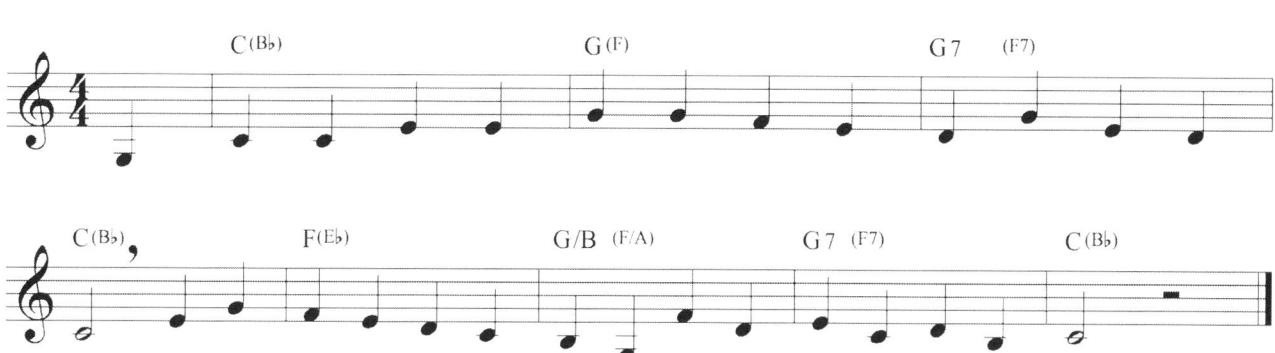

Música 10 (faixa 23):

My Bonnie

Folclore escocês

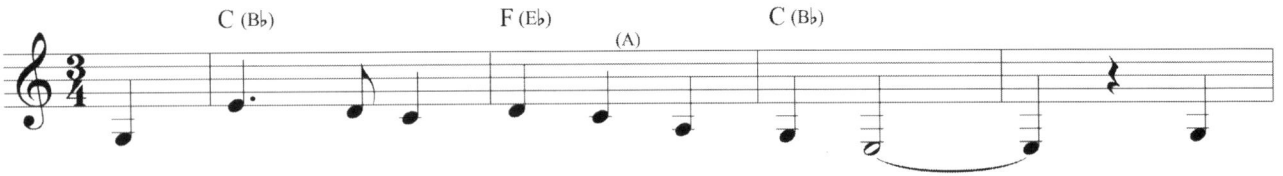
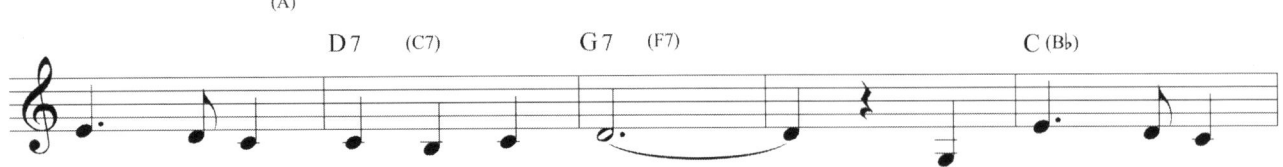
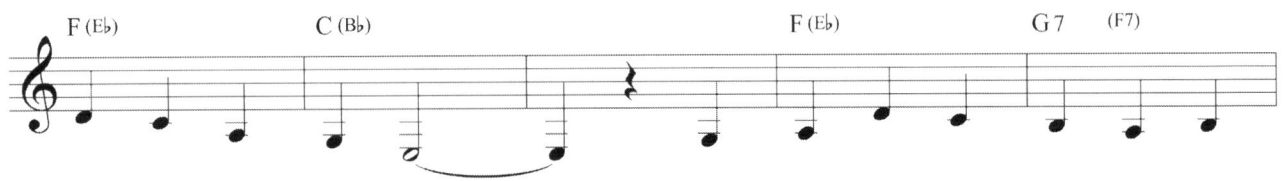
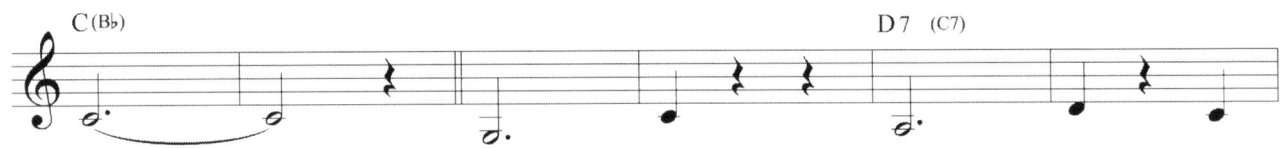
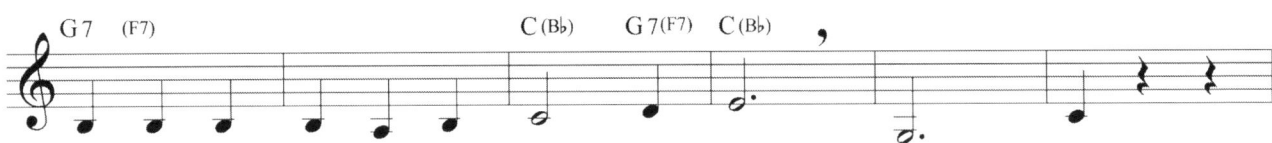
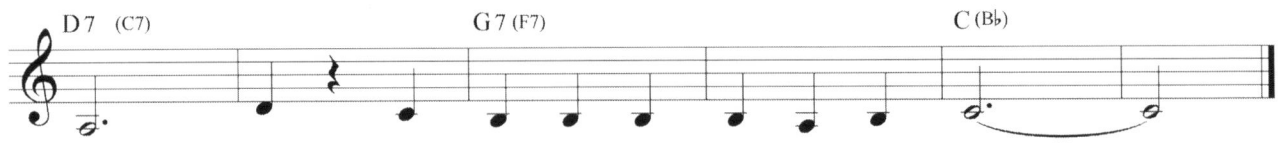

Lição 3
PARTE A – CONTEÚDO TEÓRICO

Princípios da teoria musical:

Dinâmicas: *Crescendo* e *diminuendo* são símbolos reguladores que indicam, respectivamente, a necessidade de promover o incremento do volume de som ao longo de um trecho musical (figura 58) ou a diminuição da intensidade dinâmica (figura 59).

Figura 58   Figura 59

Articulações: Existem sinais tracejados que representam o que se conhece como *tenuto* (figura 60), que podem acompanhar uma ou mais notas. Tal proposição de articulação indica que as notas devem ser destacadas (isto é, não ligadas), sem, contudo, qualquer abreviação em sua sustentação.

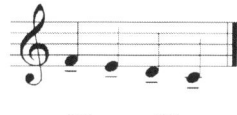

Figura 60

***Ritornello*:** O presente símbolo propõe a delimitação de um trecho musical que deve ser repetido. Logo, nota-se um símbolo no início e outro ao fim do trecho que se deve tocar novamente, exceto quando a repetição se dá desde o início da obra. Neste caso haverá apenas o símbolo indicativo do fim do trecho a ser repetido.

Casas de 1ª vez e 2ª vez: São símbolos que delimitam quais partes do trecho musical a ser repetido devem ser tocadas unicamente na 1ª ou na 2ª vez. A figura 61 ilustra o exposto.

Figura 61

***Fermata*:** Este símbolo (figura 63) indica que a figura rítmica (ou respectiva pausa) em questão deve ser sustentada por tempo indeterminado, sendo conveniente proceder uma duração próxima à referencial.

Figura 62

Compasso "seis por oito": Se antes trabalhávamos com compassos binários, ternários e quaternários tendo o número 4 como denominador – e, consequentemente, a semínima como figura referencial –, surge agora o denominador 8 (oito), indicando que a colcheia torna-se o elemento básico do compasso. Observando, portanto, o $\frac{6}{8}$, conclui-se que seis colcheias irão preencher o compasso. Haverá casos em que cada colcheia será tomada como um referencial de pulsação. Mais frequentemente, entretanto, verifica-se a semínima pontuada como unidade de tempo. Assim, são formados, comumente, dois grupos de três colcheias e o compasso, por conseguinte, poderá ser executado tendo por base duas pulsações. A figura 63 ilustra o exposto.

Figura 63

Quiálteras: Mesmo em compassos de denominador 4 (quatro) – e consequente referencial de semínima –, podem ocorrer figuras que agrupam três colcheias a constituir um único tempo que, normalmente, seria preenchido por duas colcheias. Tal padrão alterado de agrupamento de notas, intitula-se "quiáltera" – neste caso, "quiáltera de três" – (figura 64). Dessa forma, um agrupamento rítmico de duas notas em um compasso que venha a valer um tempo – fugindo do padrão de três, habitualmente constituído –, segue o mesmo princípio, sendo conhecido como "quiáltera de dois" (figura 65). Diversos outros padrões de quiálteras podem ser constituídos.

Figura 64   Figura 65

Semitom e tom: Semitom vem a ser o menor intervalo melódico presente nos estudos constantes deste método. Consequentemente, tom vem a ser o intervalo composto por dois semitons.
Na figura 66, será apresentado um teclado, no qual estão indicadas as notas Dó e respectivas oitavas.

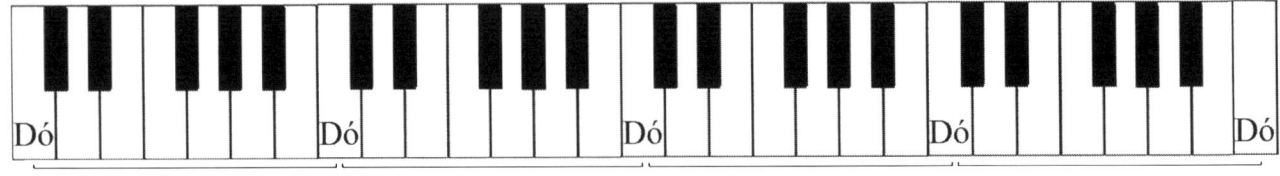

Figura 66

Na figura 67, cada tecla branca será devidamente identificada. Analisando o exposto, será fácil perceber que, considerando as teclas brancas, existem "vizinhos" que possuem teclas pretas entre eles, enquanto outros não. Observa-se que, entre os intervalos Mi-Fá e Si-Dó não há teclas pretas. Logo, estes intervalos são de semitons. Os demais intervalos (Dó-Ré; Ré-Mi; Fá-Sol; Sol-Lá; Lá-Si) possuem teclas pretas a "separá-los", fazendo-nos perceber que são intervalos de tons.

Figura 67

Bemol (♭): Símbolo que modifica a altura da nota à qual se relaciona, abaixando-a em meio tom.

Sustenido (♯): Símbolo que modifica a altura da nota à qual se relaciona, elevando-a em meio tom.

Bequadro (♮): Símbolo que anula a alteração procedida por bemol ou sustenido.

Observa-se na figura 68 o teclado – desta vez com apenas uma oitava (as outras oitavas replicam a mesma realidade apresentada) – contendo todas as notas e seus respectivos "nomes" (algumas notas estarão aqui apresentadas de duas formas correspondentes – Dó♯ e Ré♭, por exemplo).

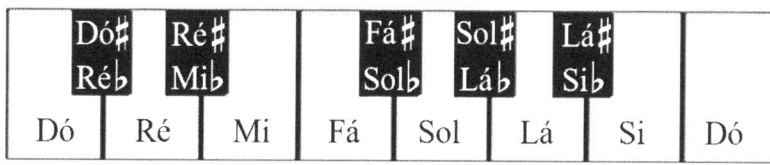

Figura 68

Escalas: São agrupamentos de notas que obedecem a configurações específicas. Numa escala de Dó Maior, por exemplo (na qual são utilizadas apenas as teclas brancas do piano), não constam quaisquer alterações, como bemóis ou sustenidos. Nas outras escalas, alterações (bemóis e/ou sustenidos) se fazem presentes. Existem escalas maiores e menores, dentre outras, as quais serão abordadas mais adiante.

Armadura de clave: Indica a tonalidade do trecho musical em questão, estabelecendo relação direta com o tema acima exposto (escalas). De forma pré-determinada, bemóis ou sustenidos podem ser observados e deverão ser executados na partitura, como nos exemplos ilustrados nas figuras 69 e 70, por exemplo. Os chamados "acidentes" (alterações como bemol, sustenido ou bequadro), quando presentes em um compasso, valem para todas as notas homônimas ali presentes.

Figura 69   Figura 70

PARTE B – CONTEÚDO PRÁTICO

A boa execução à clarineta se relaciona à justa sustentação do fluxo de ar, bem como de um adequado ajuste da pressão do lábio inferior.

Postura: Apoiar a clarineta nas pernas quando sentado, sustentando-a entre os joelhos, pode representar um significativo auxílio na obtenção de uma sonoridade mais consistente, além de poder proporcionar um maior controle de execução. É natural que isso possa vir a ocorrer, uma vez que a boa sustentação da clarineta é algo muito importante e, com o uso de tal expediente, o aluno "alivia" o peso do instrumento e tende a sentir-se mais confortável no manuseio do mesmo.

Em outra via, sabe-se que a boa sustentação do instrumento não pode ser obtida por meio de exagerada pressão do lábio inferior sobre a palheta. Por isso, de grande importância é a boa sustentação apoiada na ação do maxilar superior e do polegar direito. Portanto, apoiar a clarineta nas pernas pode auxiliar na obtenção de um bom nível de sustentação do instrumento e, ao mesmo tempo, de relaxamento do lábio inferior, algo que, em outra posição (de pé ou, quando sentado, sem o suporte nas pernas) pode se revelar mais complexo.

Logo, a utilização deste recurso não é, propriamente, algo de todo nocivo, sobretudo quando se percebe um possível "resultado superior" obtido nestas condições. Quando isso ocorre, que o fato sirva, tão somente, para a compreensão de um paradigma a ser buscado, da sonoridade que se pode e quer obter. O ideal, no entanto, é que o aluno não se utilize deste recurso de forma ostensiva, tornando-se "refém" deste artifício. É perfeitamente viável a obtenção de uma boa sustentação do instrumento – com ótimos resultados sonoros, inclusive – utilizando-se de uma postura ereta, equilibrada e relaxada, sem a necessidade de apoiar o instrumento nas pernas quando sentado.

Exercícios

Agora é hora de conhecermos todas as notas contidas na região que abrange do Mi^2 ao Sib^3.

Exercício 16: A nota Fá#^{2} (ou Solb^2) será executada com a utilização da chave 2. A chave 3 pode ou não ser acionada concomitantemente. A chave B é outra opção de digitação para a obtenção da referida nota. A chave C poderá ou não ser utilizada conjuntamente à chave B (faixa 24).

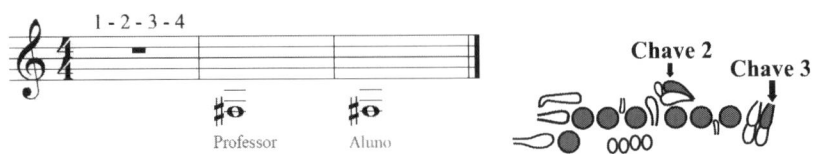

Exercício 17: A nota Sol#2 (ou Láb2) será executada com a utilização da chave 4. Nos instrumentos que possuem a chave 4bis ou D, esta se apresenta como uma alternativa de digitação (faixa 25).

Exercício 18: A nota Sib² (ou Lá#²) será executada como proposto (faixa 26).

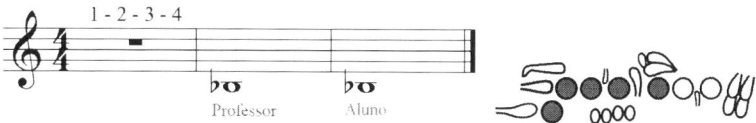

Exercício 19: A nota Dó#³ (ou Réb³) será executada com a utilização da chave 6 (faixa 27).

Exercício 20: A nota Ré#³ (ou Mib³) pode ser executada com a chave 7 (faixa 28).

Exercício 21: A nota Fá#³ (ou Solb³) pode ser executada na posição ilustrada (faixa 29).

Exercício 22: A nota Sol#³ (ou Láb³) será obtida por meio da utilização da chave 9 (faixa 30).

Exercício 23: A nota Sib³ (ou Lá#³) poderá ser obtida tendo por base a posição para a nota Lá, adicionada à chave 12 (faixa 31).

Após produzir todas as notas assimiladas, o aluno deverá executá-las em sequência. Esta contemplará todas as notas cromáticas trabalhadas até este momento, chegando ao Sib³.

Exercício 24:

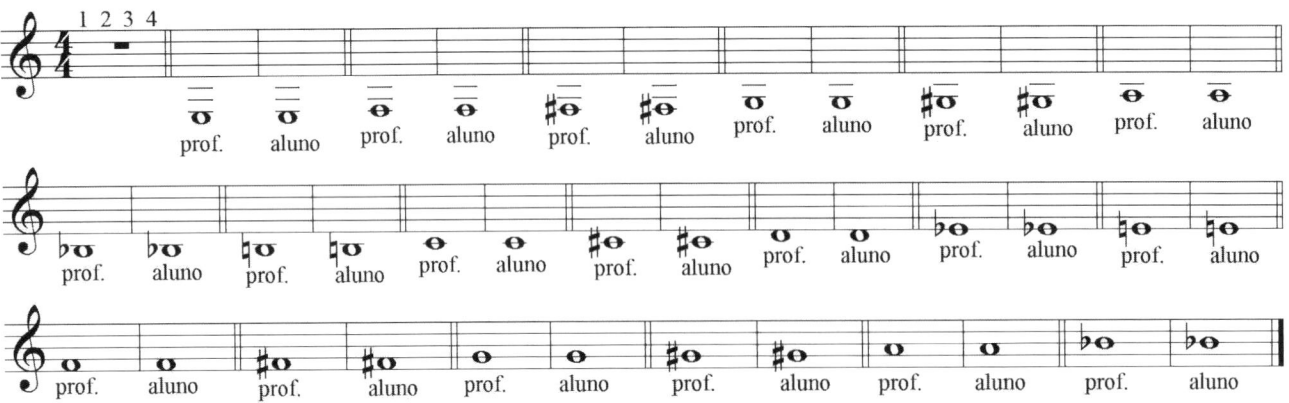

Realizado tal exercício com sucesso, o aluno poderá, já sem auxílio dos áudios, proceder ele mesmo, sem as referências intermediárias do professor, a sequência completa. Neste momento, cada nota valerá um tempo (semínima) e o exercício abaixo apresenta o exposto.

Exercício 25:

Músicas

Música 11 (faixa 32):

Barata na Careca

Folclore brasileiro

Música 12:
Escravos de Jó

Folclore brasileiro

Música 13 (faixa 33):
Atirei o Pau no Gato

Folclore brasileiro

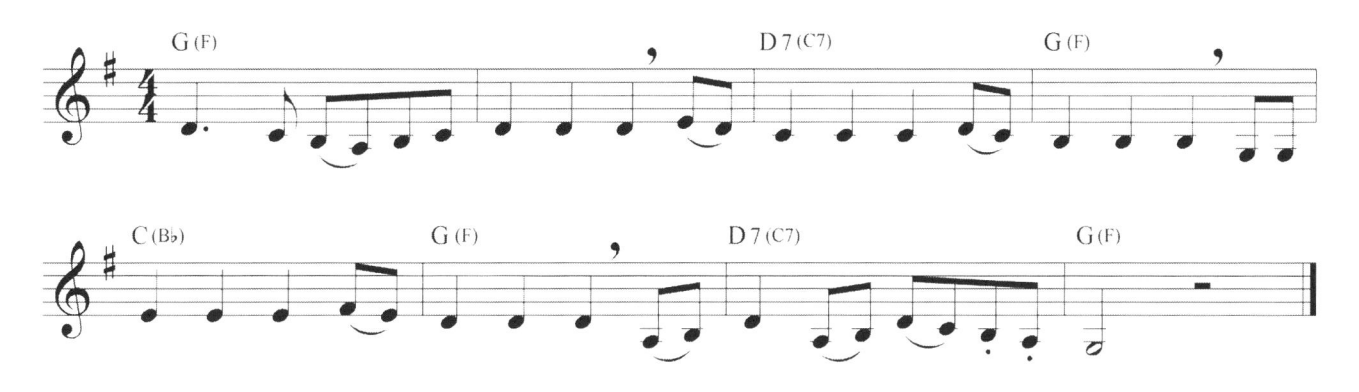

Música 14 (faixa 34):

Valsa da Despedida

Robert Burns (1759-1796)

Domínio Público

Música 15 (faixa 35):

Peixe Vivo

Folclore brasileiro

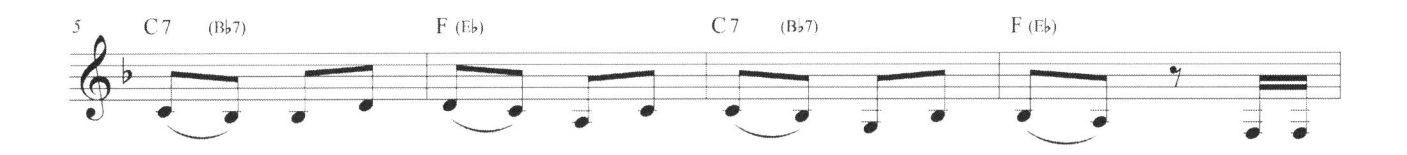

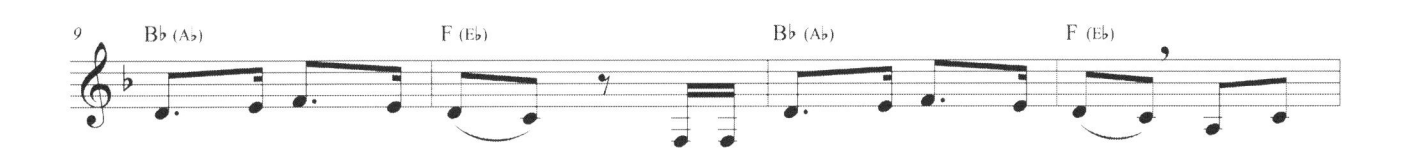

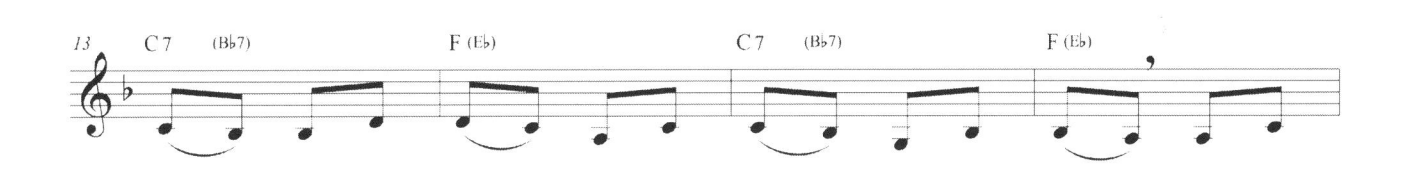

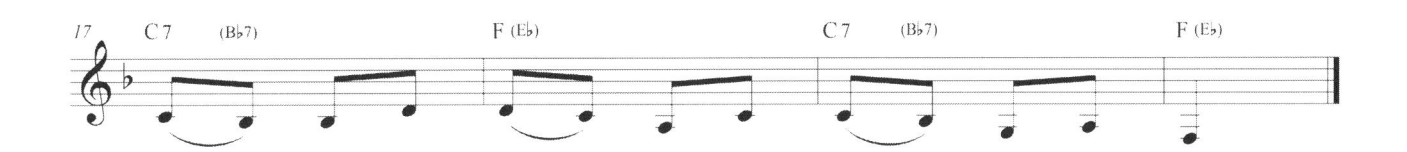

Lição 4
PARTE A – CONTEÚDO TEÓRICO

Princípios da teoria musical:

Forte-piano (***fp***) e *sforzato* (***sf***) sugerem significativo realce às notas a estes relacionadas, sendo, ambos, mais expressivos que o acento no que se refere ao "destaque" conferido às mesmas. O ***fp*** propõe que os dois parâmetros dinâmicos assinalados (forte e piano) devam ser alcançados sequencialmente numa mesma nota, ao passo que o ***sf*** propõe um retorno "proporcional" ao patamar dinâmico original.

"*Da capo al Fine*" – D.C. al Fine ("do início ao fim"): Indicação que aponta a necessidade de retorno ao início do trecho musical em questão, estendendo-se até o ponto onde houver a denominação fine ("fim").

"*Segno*" (𝄋 – sinal) e "Coda" (⊕ – cauda) são símbolos representativos de trechos que delimitam seções musicais a serem repetidos ou acessadas. Logo, observa-se expressões como "*D.S. al Coda* (do 𝄋 ao ⊕), ou ainda "*D.S. al Fine*", por exemplo.

Indicação metronômica: Propõe a velocidade de execução (andamento) a ser adotada. Existem inúmeras indicações possíveis, com variantes sutis e sugestões de "caráter musical" a estas agregadas (*Allegro giocoso*, por exemplo). Um metrônomo pode auxiliar o músico no entendimento do tema em específico e na prática musical. Algumas das principais indicações metronômicas são:

Vivace – andamento bastante rápido, "vivo" (pode abranger, em geral, indicações um pouco abaixo e acima de 160 pulsações por minuto);
Allegro – andamento rápido, "ágil" (pode abranger, através de suas variações, indicações situadas desde patamares próximos a 100 pulsações por minuto, chegando a indicadores em torno de 144 batidas por minuto);
Andante, Moderato – andamentos "intermediários" (sugerem patamares que podem contemplar, por meio de suas variações, indicações situadas por volta de 70 a 100 pulsações por minuto);
Adagio – andamento "cômodo", tranquilo (sugere indicações que podem iniciar desde patamares próximos a 40 pulsações por minuto, podendo alcançar de 60 a 70 batidas por minuto).

PARTE B – CONTEÚDO PRÁTICO

Observamos a seguir uma posição alternativa para a nota Si^2:

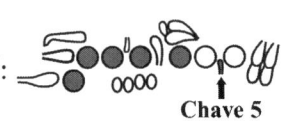

Neste caderno de estudos, serão propostos quatro modelos referenciais de digitação. Iniciaremos pelo Modelo A1, que contempla as posições aprendidas até o momento, sendo a nota Si2 executada na posição acima apresentada. A figura abaixo ilustra o modelo sugerido, fazendo constar acima das notas as chaves a serem utilizadas a seguir:

Exercício 26:

[sheet music]

Observa-se a seguir um modelo de digitação derivado do apresentado acima, que chamaremos de Modelo A2. Neste ocorrerá a utilização não concomitante das chaves 1 e 3 para a nota Mi^2 (apenas a chave 1 será aqui acionada) e das chaves 3 e 2 para a nota Fá#^{2} – ou Solb^2 (apenas a chave 2 será aqui acionada).

A execução da escala cromática nesse contexto exigirá total sincronia de movimentos no abaixar e suspender os dedos mínimos, de modo a não fazer soar notas "estranhas" à passagem melódica proposta (a nota Sol^2 pode "surgir" involuntariamente, por exemplo). A precisão dos movimentos dos dedos mínimos, neste contexto, fará alusão ao funcionamento de uma gangorra. O exemplo abaixo ilustra a presente proposta, indicando as chaves a serem utilizadas.

Exercício 27:

[sheet music]

É muito importante que, desde a fase inicial do estudo da clarineta, o aluno desenvolva o hábito de manusear todas as posições possíveis para cada nota. Desta forma, o aluno disporá de recursos técnicos mais abrangentes.

Abaixo observaremos novas possibilidades de digitações para as notas Mi^2, Fá^2 e Fá#^{2}:

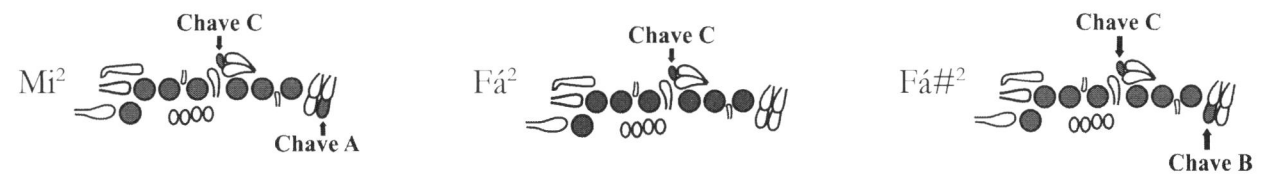

[fingering diagrams: Mi^2 (Chave C, Chave A), Fá^2 (Chave C), Fá#^{2} (Chave C, Chave B)]

Outras notas apresentam recursos de digitação. A seguir, observaremos as alternativas de digitação para as notas Ré#^{3}/Mib^3, Fá^3/Solb^3 e Lá#^{3}/Sib^3.

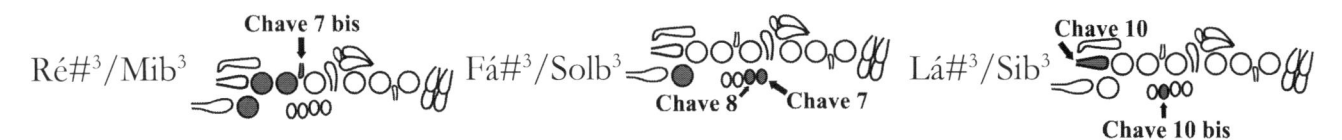

Ré#³/Mib³ — **Chave 7 bis**
Fá#³/Solb³ — **Chave 8**, **Chave 7**
Lá#³/Sib³ — **Chave 10**, **Chave 10 bis**

Neste momento, será apresentado o Modelo B1, contendo nova proposta de digitação para a região estudada. O exercício abaixo ilustra o modelo sugerido, fazendo constar acima das notas as chaves a serem utilizadas.

Exercício 28:

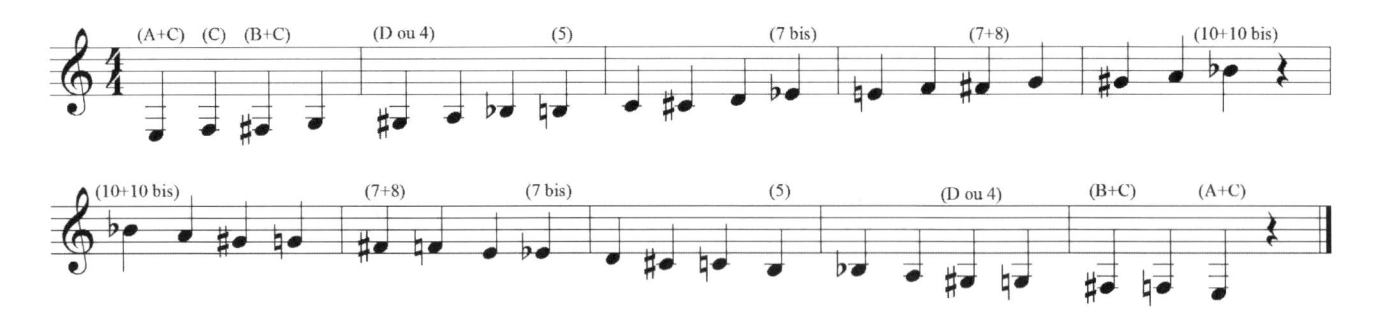

(A+C) (C) (B+C) (D ou 4) (5) (7 bis) (7+8) (10+10 bis)
(10+10 bis) (7+8) (7 bis) (5) (D ou 4) (B+C) (A+C)

Abaixo observaremos novas possibilidades de digitações para as notas Mi², Fá² e Fá#²:

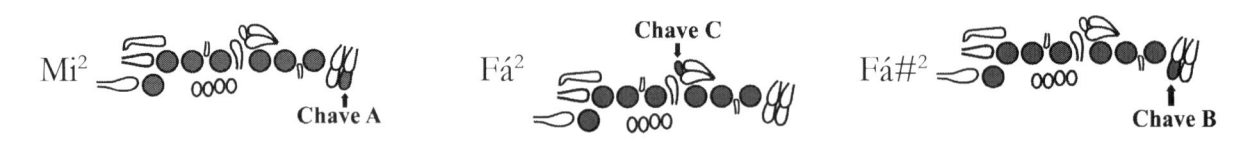

Mi² — **Chave A**
Fá² — **Chave C**
Fá#² — **Chave B**

Observa-se a seguir um modelo de digitação derivado do apresentado anteriormente, que chamaremos de Modelo B2. Neste ocorrerá a utilização não concomitante das chaves A e C para a nota Mi² (apenas a chave A será aqui acionada) e das chaves C e B para a nota Fá#² – ou Solb² (apenas a chave B será aqui acionada).

Exercício 29:

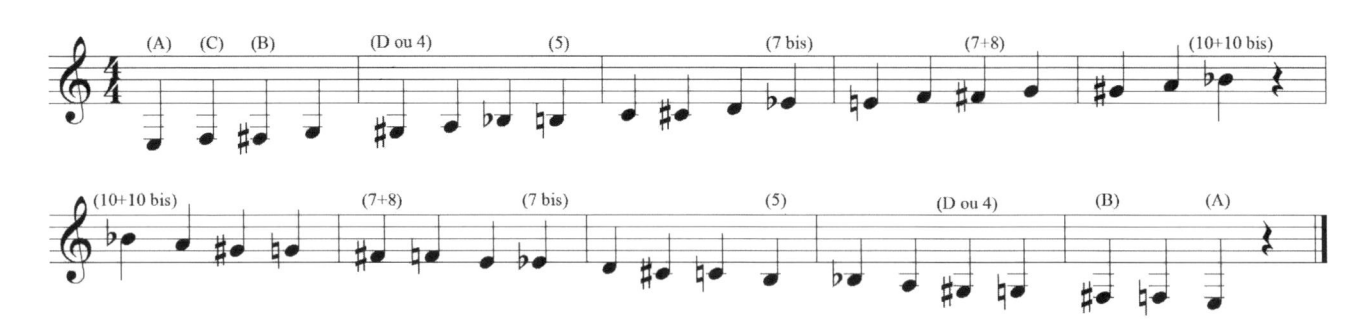

(A) (C) (B) (D ou 4) (5) (7 bis) (7+8) (10+10 bis)
(10+10 bis) (7+8) (7 bis) (5) (D ou 4) (B) (A)

A mesma analogia à gangorra observada anteriormente se adequa também à execução da escala cromática nesse contexto, exigindo absoluta sincronia de movimentos dos dedos mínimos.
A partir deste momento, surgirão sugestões de digitações a serem empregadas pelo aluno, estando as chaves a serem utilizadas assinaladas acima das notas.

É de fundamental importância que o aluno desenvolva uma adequada movimentação do dedo indicador esquerdo. Quando transitando entre o anel e a chave 10, sugere-se a realização de movimentos em "rotação", ao invés fazer o dedo "saltar" de um ponto a outro. Os exercícios abaixo ajudarão na construção de tal domínio. Deve o aluno estar atento a possíveis "notas estranhas" aos exercícios, resultantes de movimentos descoordenados.

Músicas

Música 16 (faixa 36):

Ô Abre Alas

Chiquinha Gonzaga (1847-1935)

Domínio Público

Música 17 (faixa 37):

Amazing Grace

Hino tradicional americano

Música 18 (faixa 38):

Humoresque

Antonín Dvořák (1841-1904)

Domínio Público

Música 19:

Terezinha de Jesus

Folclore brasileiro (Arr. Carlos Chaves)

Lição 5
PARTE A – CONTEÚDO TEÓRICO

Princípios da teoria musical:

Articulações: As ligaduras podem surgir também com pontos (.) a elas agregados (indicativos dos *staccatos*). Neste caso (figura 71), as notas não serão executadas ligadas umas às outras, mas sim levemente separadas. Logo, trata-se de uma ideia de emissão do som, no qual as notas devem soar "soltas", com ataques brandos (leve golpe de língua), mantendo-se a ideia de unidade da frase.

Figura 71

PARTE B – CONTEÚDO PRÁTICO

Exercícios – Seção 1:

A nota Si^3 poderá ser obtida tendo por base as posições empregadas para a nota Mi^2, adicionando-se a chave 12. Logo, as duas possibilidades anteriormente observadas nos Modelos A1 (chaves 1+3) e B1 (chaves A+C) e suas derivadas, observadas nos Modelos A2 (chave 1 apenas) e B2 (chave A apenas), podem também ser utilizadas. Faremos, como proposição de momento, a posição com as chaves 1+3 (figura 34c), conduzindo o trabalho subsequente com a escala cromática, baseado na realização inicial do Modo A1 e, em seguida, do Modo B1. Observa-se, neste caso, que o polegar esquerdo deve, ao mesmo tempo, vedar o orifício e acionar a chave 12, posicionando-se como recomendado (figura 72). As figuras 73, 74 e 75 ilustram posicionamentos para o polegar esquerdo que devem, portanto, ser evitados.

Figura 72   Figura 73   Figura 74   Figura 75

Exercício 30 (faixa 39):

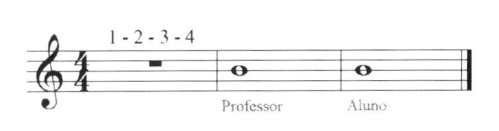

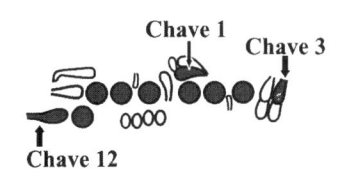

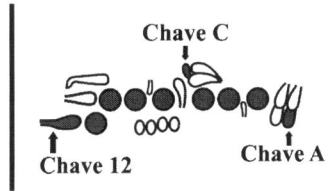

Abaixo observaremos as posições derivadas (Modelos A2 e B2):

Exercício 31: A nota Dó⁴ poderá ser obtida tendo por base as posições utilizadas para a nota Fá² (chave 3; chave C), adicionando-se também a chave 12 (faixa 40).

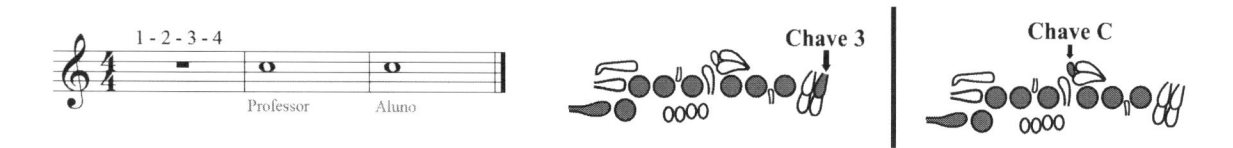

Exercício 32: A nota Dó#⁴ (ou Réb⁴) poderá ser obtida tendo por base as posições utilizadas para a nota Fá#² (ou Solb²), adicionando-se a chave 12. Logo, as duas possibilidades anteriormente observadas nos Modelos A1 (chaves 2+3) e B1 (chaves B+C) e suas derivadas, observadas nos Modelos A2 (chave 2 apenas) e B2 (chave B apenas), podem também ser utilizadas (faixa 41).

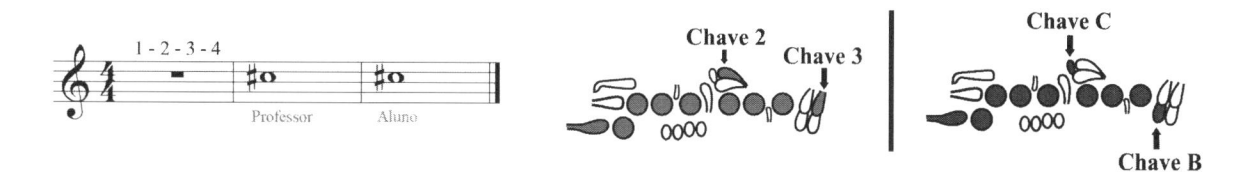

Abaixo observaremos as posições derivadas (Modelos A2 e B2):

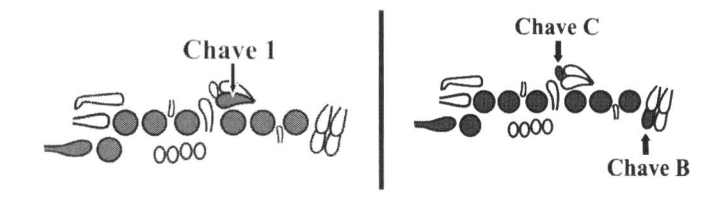

Exercício 33: A nota Ré⁴ poderá ser obtida tendo por base a posição utilizada para a nota Sol², adicionando-se a chave 12 (faixa 42).

Exercício 34: A nota Ré#⁴ (ou Mib⁴) poderá ser obtida tendo por base as posições utilizadas para a nota Sol#² (ou Láb²), adicionando-se a chave 12. Logo, as chaves 4 ou 4 bis/D podem ser utilizadas (faixa 43).

Exercício 35: A nota Mi^4 poderá ser obtida tendo por base a posição utilizada para a nota Lá^2, adicionando-se a chave 12 (faixa 44).

Exercício 36: A nota Fá^4 poderá ser obtida tendo por base a posição utilizada para a nota Sib^2 (ou Lá#^{2}), adicionando-se a chave 12 (faixa 45).

Exercício 37: A nota Fá#^{4} (ou Solb^4) poderá ser obtida tendo por base as posições utilizadas para a nota Si^2, adicionando-se a chave 12. Logo, as duas possibilidades (com o uso da chave 5 e por meio do uso do dedo médio direito) são funcionais (faixa 46).

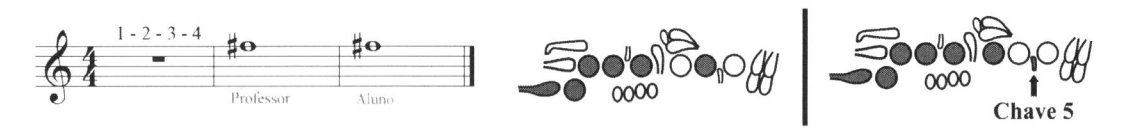

Exercício 38: A nota Sol^4 poderá ser obtida tendo por base a posição utilizada para a nota Dó^2, adicionando-se a chave 12 (faixa 47).

Exercício 39:

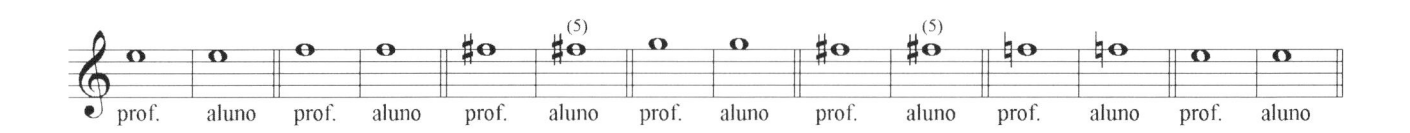

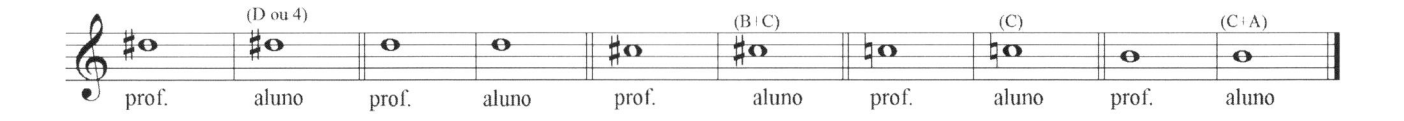

Músicas

Música 20 (faixa 48):

Sapo Jururu

Folclore brasileiro

Música 21 (faixa 49):

Red River Valley

Folclore americano

Música 22:
Cielito Lindo

Canção mexicana

Música 23 (faixa 50):

Pompa e Circunstância

Edward Elgar (1857-1934)

Domínio Público

Música 24 (faixa 51):

Samba Lelê

Folclore brasileiro

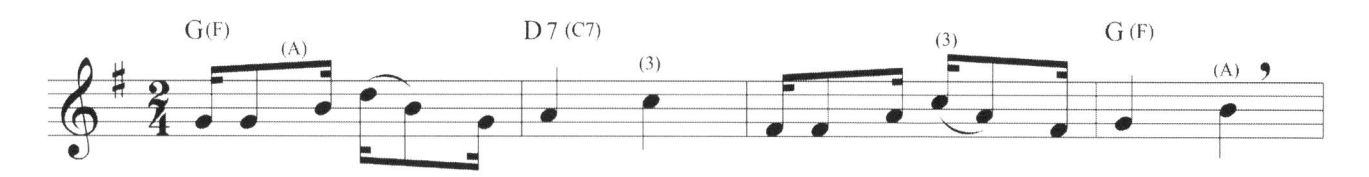

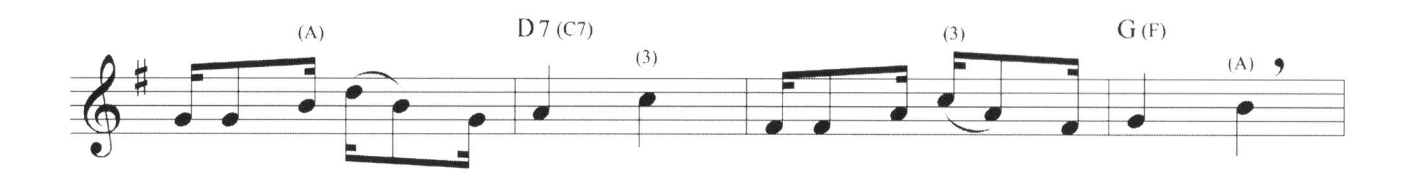

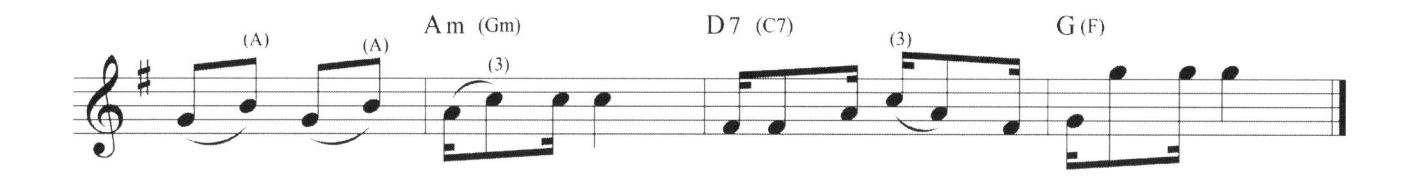

Lição 6

A "passagem de registro" ou "quebra" – termos relacionados a passagens que, mesmo tão próximas melodicamente, encerram uma considerável dificuldade técnica – será, neste momento, objeto de estudo. Os exemplos musicais a seguir propõem a busca por efetivo condicionamento técnico em relação ao exposto acima, com o propósito de desenvolver a fluência no trânsito entre registros. Devem ser praticados calmamente, priorizando sempre a execução "limpa", sem desajustes no manuseio dos dedos. A velocidade virá com o tempo! A seguir são observados exercícios que buscam aprimorar o domínio técnico do aluno, especificamente na região mencionada.

Exercício 40:

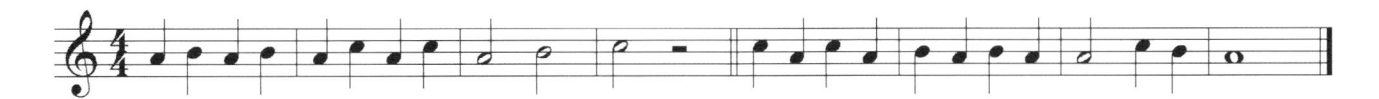

Exercícios:

Exercício 41: A nota Sol#^{4} (ou Láb^4) poderá ser obtida tendo por base a posição utilizada para a nota Dó#^{3} (ou Réb^3), adicionando-se a chave 12 (faixa 52).

Exercício 42: A nota Lá^4 poderá ser obtida tendo por base a posição utilizada para a nota Ré^3, adicionando-se a chave 12 (faixa 53).

Exercício 43: A nota Sib^4 (ou Lá#^{4}) poderá ser obtida tendo por base as posições utilizadas para a nota Mib^3 (ou Ré#^{3}), adicionando-se a chave 12 (faixa 54). Logo, as duas possibilidades (fazendo-se uso da chave 7 ou da chave 7bis) podem ser utilizadas.

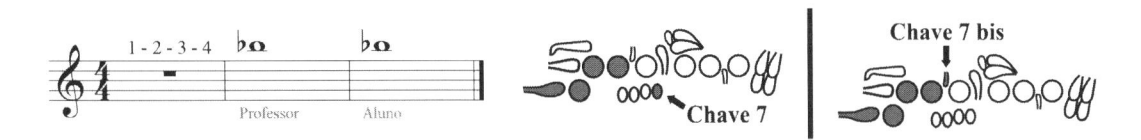

Exercício 44: A nota Si^4 poderá ser obtida tendo por base a posição utilizada para a nota Mi^3, adicionando-se a chave 12 (faixa 55).

Exercício 45: A nota Dó⁵ poderá ser obtida tendo por base a posição utilizada para a nota Fá³, adicionando-se a chave 12 (faixa 56).

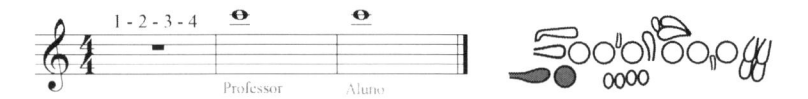

Os estudos de notas longas elaborados na lição anterior devem ser mantidos, agora adicionados de extensão melódica mais abrangente, como observado no exercício a seguir:

Exercício 46:

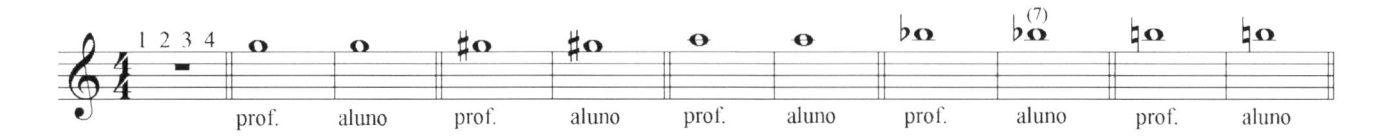

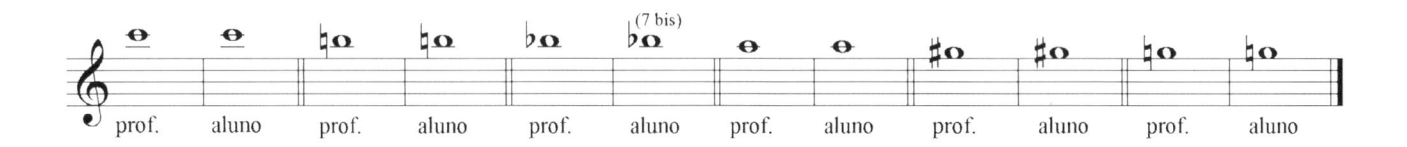

Músicas

Música 25:

Old French Song

Piotr Ilitch Tchaikovsky (1840-1893)

Domínio Público

Música 26 (faixa 57):

Minuetto

Ludwig van Beethoven (1770-1827)

Domínio Público

Música 27 (faixa 58):

Tarantela Napolitana

Folclore italiano

Música 28 (faixa 59):

Pot-Pourri Mexicano

Folclore Mexicano

Música 29:

Feitiço da Vila

Noel Rosa e Vadico (Arr. Carlos Chaves)

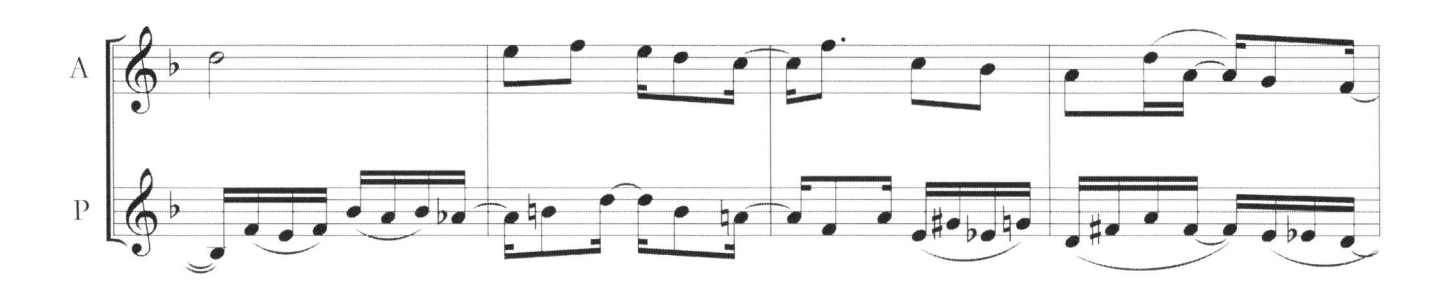

Copyright © 1944 by MANGIONE, FILHOS & CIA LTDA.

Lição 7

O estudo de "sons filados" se caracteriza por aumentar e diminuir a intensidade do som, indo de *piano* a *forte* ou variantes destas dinâmicas. Tal prática tende a colaborar na busca por controle de emissão e qualidade sonora, sendo, portanto, um complemento do estudo de notas longas.

Segue abaixo uma ilustração básica desta proposta, contemplando apenas algumas notas específicas, como referência de entendimento do conceito.

Exercício 47:

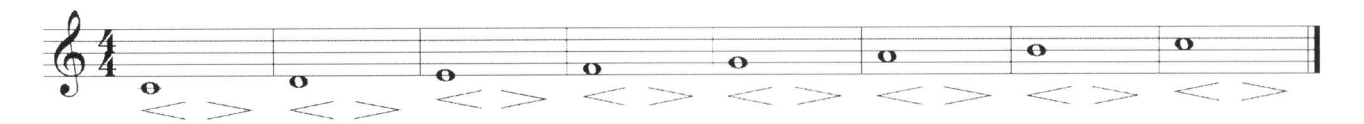

Exercícios:
Exercício 48: A nota Dó#^{5} (ou Réb^5) poderá ser obtida tendo por base a posição ilustrada (faixa 60).

Exercício 49: A ilustração propõe a digitação a ser utilizada para a nota Ré^5 (faixa 61).

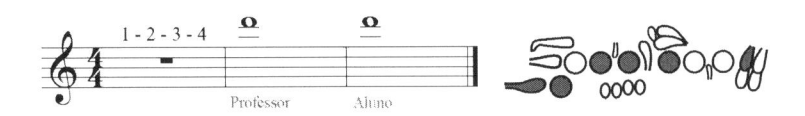

Exercício 50: A nota Mib^5 (ou Ré#^{5}) poderá ser obtida tendo por base a posição ilustrada, qual seja: a posição utilizada para a nota Ré, adicionando a chave 5 (faixa 62).

Exercício 51: A ilustração propõe a digitação a ser utilizada para a nota Mi^5 (faixa 63).

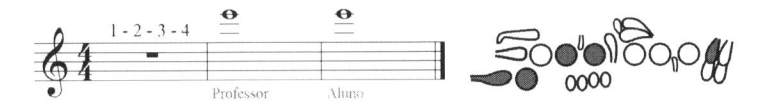

Exercício 52: A nota Fá^5 poderá ser obtida tendo por base a posição ilustrada (faixa 64).

É muito importante atentar para o uso da chave 4 nesta região. Na nota Dó#^{5} a mesma não será utilizada, ao passo que nas notas Ré^5, Ré#^{5}/Mib^5, Mi^5 e Fá^5, o uso da chave 4 é de absoluta importância.

Exercício 53: Estudo sugerido para a região abordada nesta lição.

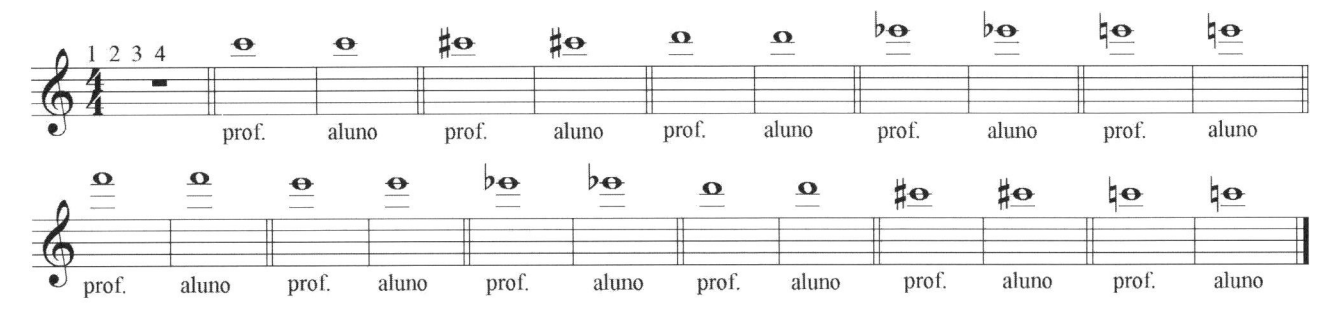

Exercício 54: É de fundamental importância que o aluno desenvolva a capacidade de alternar o uso da chave 4. Por meio dos exercícios abaixo, buscamos desenvolver a adequada sincronia dos dedos da mão direita, fazendo lembrar o movimento de uma "gangorra".

Os estudos de notas longas e sons filados devem ser mantidos, agora adicionados de extensão melódica ainda mais abrangente. O estudo de escalas em todos as tonalidades auxilia na busca de otimização de emissão e domínio técnico, além de promover uma série de outros benefícios. Ambientar-se à prática de todas as tonalidades (maiores e menores – em suas variantes "harmônica" e "melódica"), confere ao músico uma fundamental base musical.

Exercício 55: Abaixo são apresentadas algumas escalas maiores e menores:

Músicas

Música 30:

Sobre as Ondas

Juventino Rosas (1868-1894)

Domínio Público

Música 31 (faixa 65):

O Cisne

Camille Saint-Saëns (1835-1921)

Domínio Público

Música 32 (faixa 66):

Lua Branca

Chiquinha Gonzaga (1847-1935)

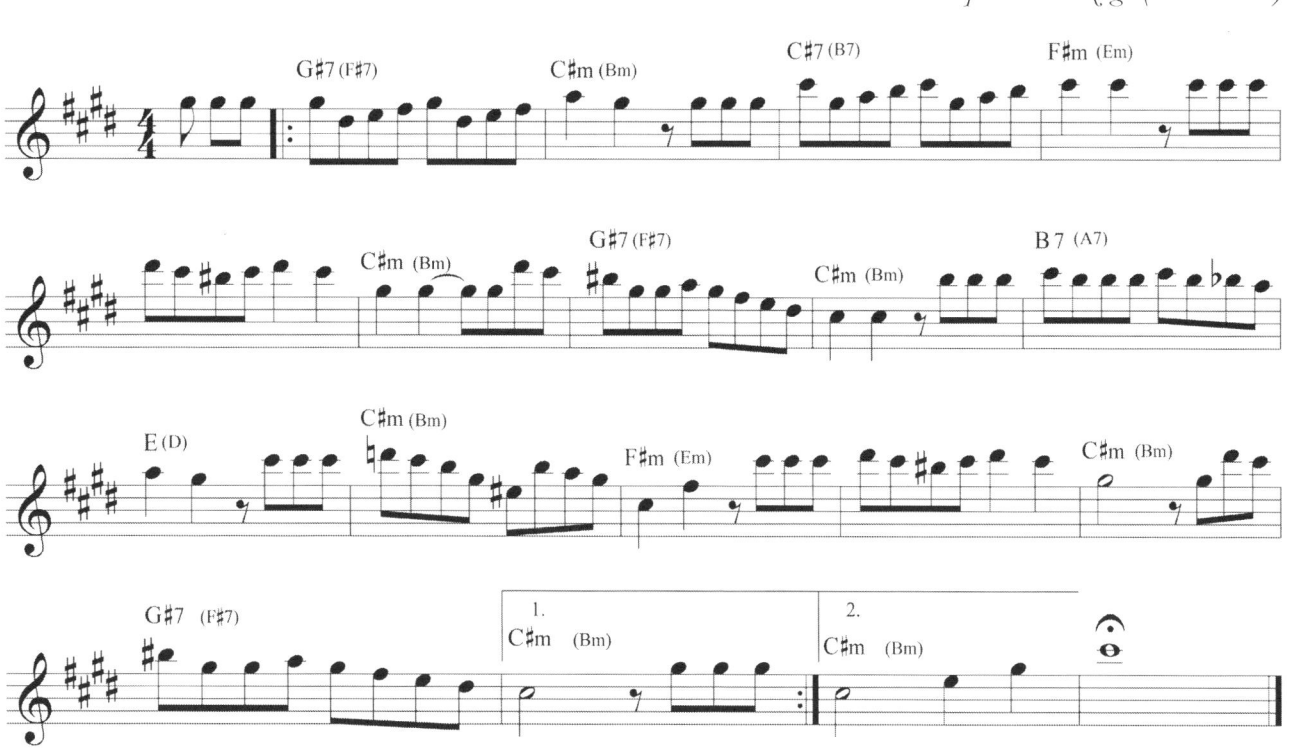

Domínio Público

Música 33 (faixa 67):

Quem Sabe

Carlos Gomes (1836-1896)

Domínio Público

Música 34 (faixa 68):

Flor Amorosa

Joaquim Antônio Callado (1848-1880)

Domínio Público

Lição 8

Exercícios:

Exercício 56: Apenas relembrando, a nota Fá⁵ será obtida tendo por base a posição ilustrada (faixa 69).

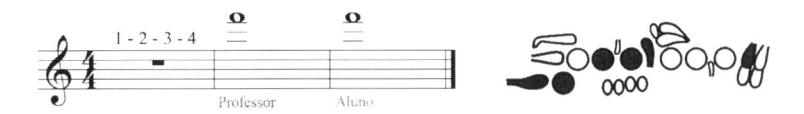

Exercício 57: A execução da nota Fá#⁵ requer especial atenção. Uma das posições possíveis para esta nota é similar àquela observada nas notas Lá#⁴/Sib⁴, acrescida da chave 4. É importante observar que, ao tocarmos um instrumento de sopro, desenvolvemos o entendimento da emissão do som como uma espécie de canto, buscando "entoar" cada nota. O músico, pouco a pouco, adquire uma memória muscular que propicia o justo domínio de toda a extensão melódica do instrumento. Duas posições alternativas para esta nota (Fá#⁵/Solb⁵) serão também apresentadas (faixa 70).

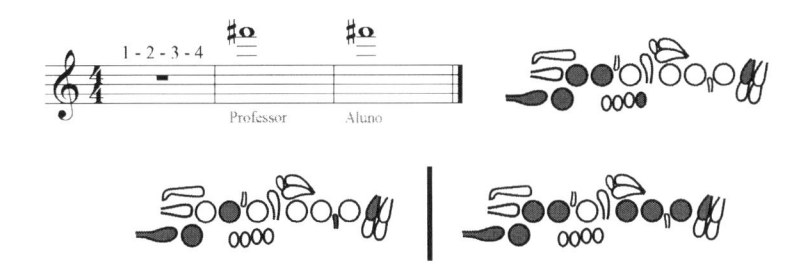

Exercício 58: O exposto acima (acerca da emissão) vale para e execução da nota Sol⁵, que poderá ser obtida tendo por base a posição ilustrada abaixo. As posições propostas a seguir são alternativas à referência estabelecida, tendo, entretanto, distintas realidades de afinação (faixa 71).

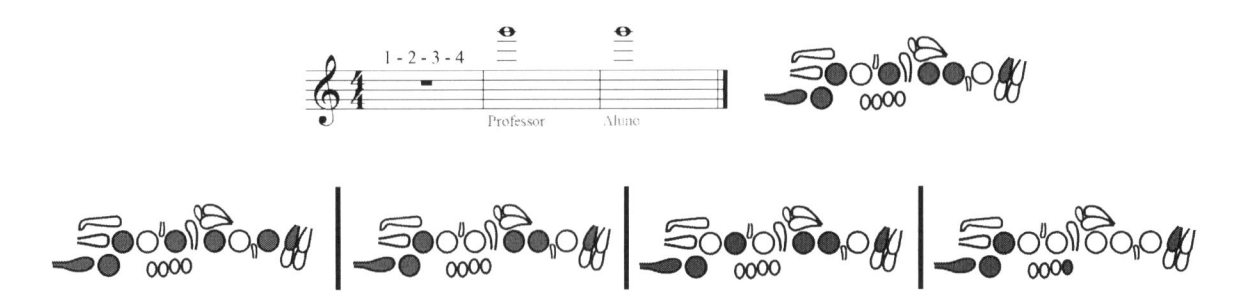

Exercício 59: Abaixo os estudos sugeridos para a região abordada nesta lição:

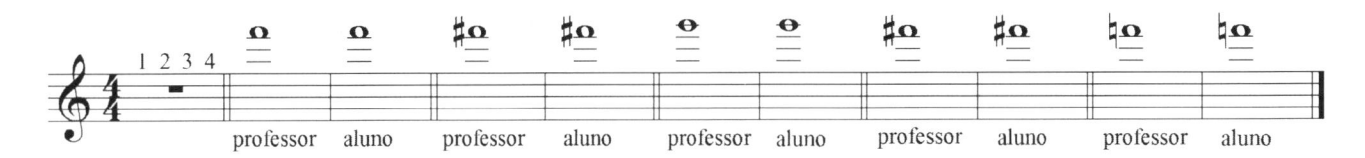

Neste momento, convém que o aluno realize a escala cromática completa, ou seja, iniciando na nota Mi^2 e alcançando a nota Sol^5, para, então, retornar à nota inicial. Tal prática pode ser feita nos quatro modelos propostos (A1, A2, B1 e B2) e, com o tempo, o aluno fará suas próprias escolhas, em consonância com as preferências de digitação apresentadas.

Exercício 60: Abaixo são apresentadas algumas escalas maiores e seus correspondentes menores:

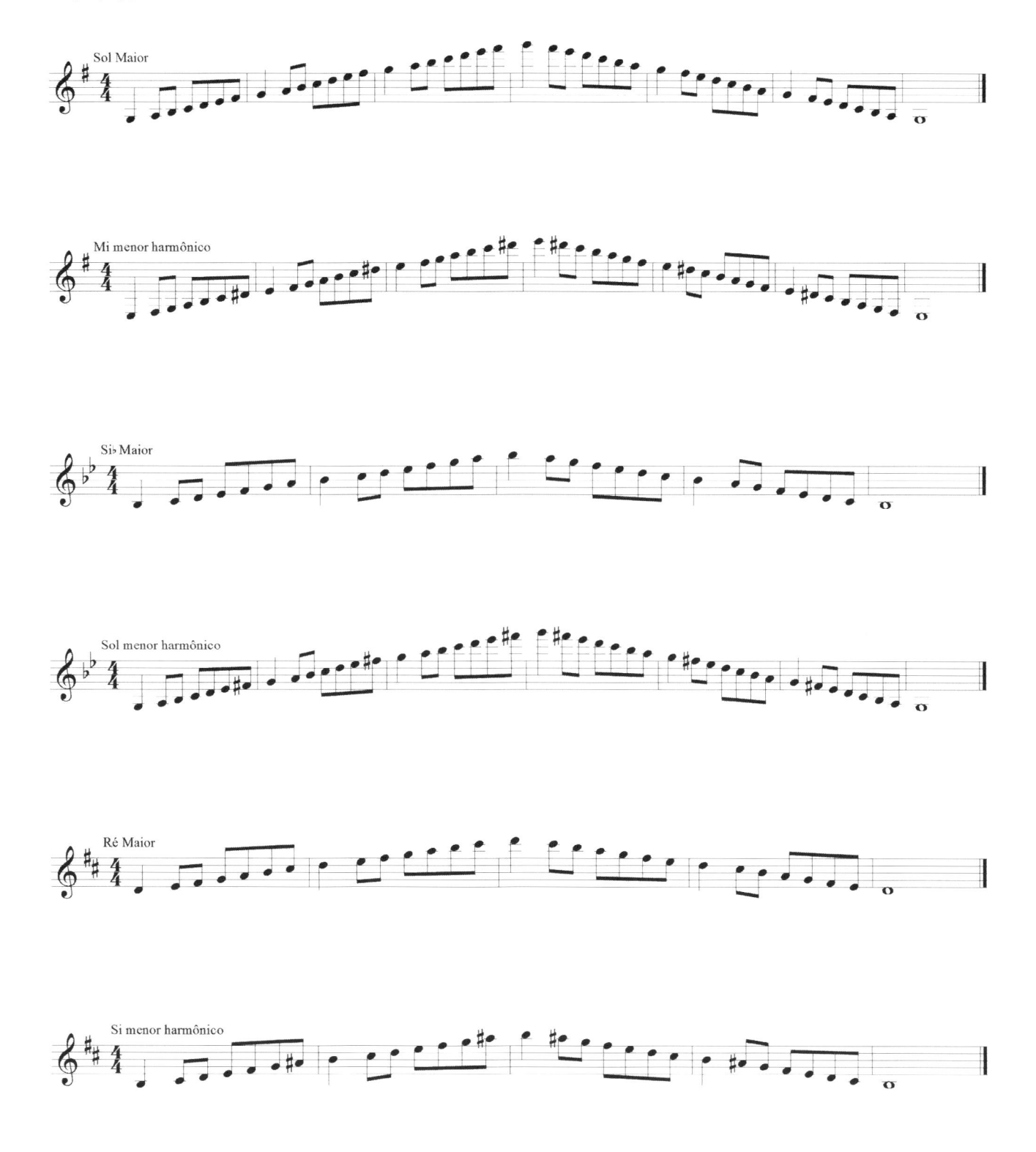

Músicas

Música 35 (faixa 72):

Cantata da Sinfonia 156

Johann Sebastian Bach (1685-1750)

Domínio Público

Música 36 (faixa 73):

Brejeiro

Ernesto Nazareth (1863-1934)

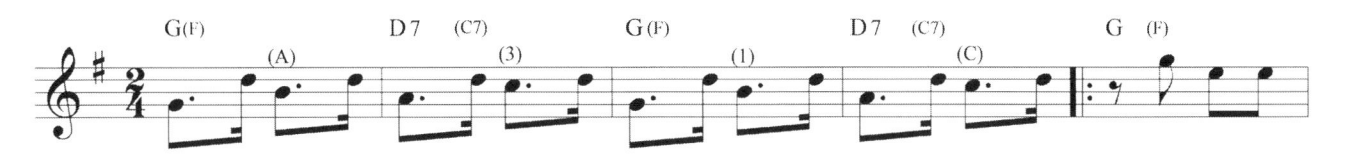

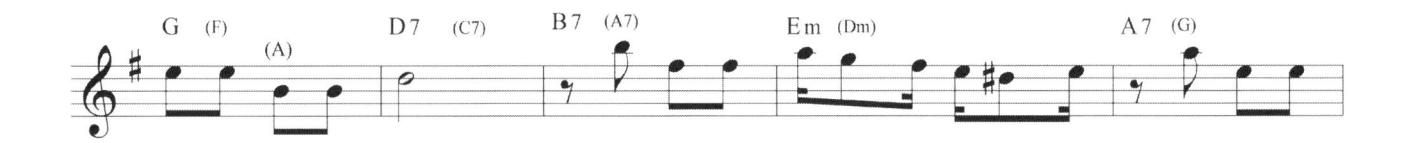

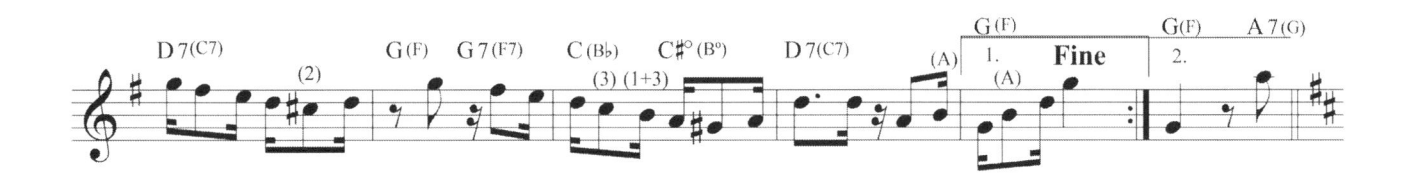

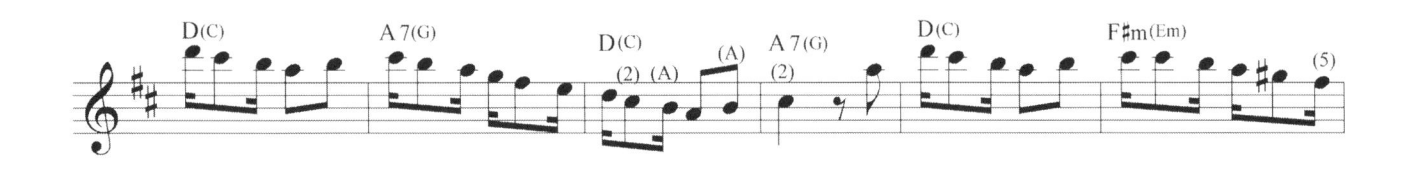

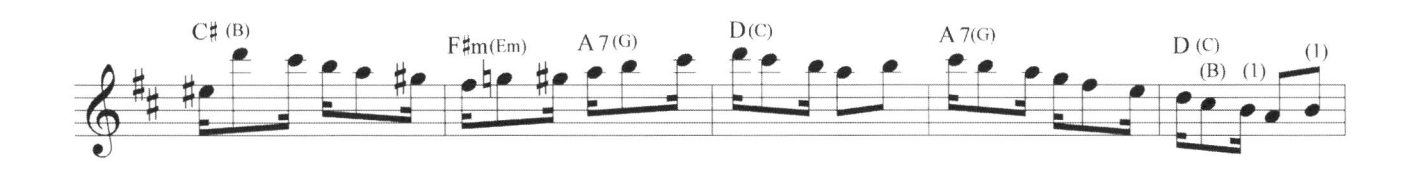

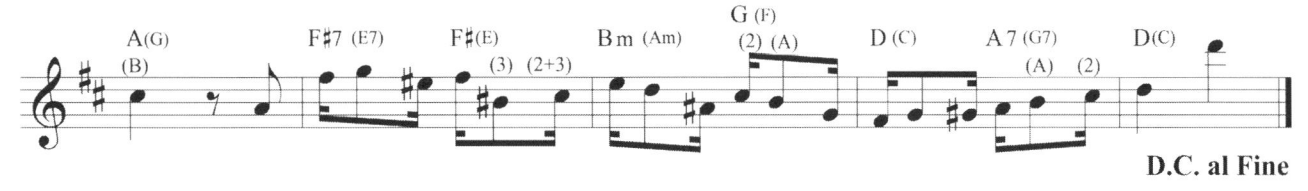

D.C. al Fine

Domínio Público

Música 37 (faixa 74):

Gaúcho – O Corta Jaca

Chiquinha Gonzaga (1847-1935)

Domínio Público

Música 38:

Matuto

Ernesto Nazareth (1863-1934) (Arr. Carlos Chaves)

Domínio Público

Lição 9

Exercícios:

Nesta lição serão executadas, em sequência, todas as notas compreendidas entre o Mi^2 e o Sol^5, ou seja, toda a extensão trabalhada neste caderno de estudos. O estudo será procedido tendo por base, inicialmente, a prática de notas longas, com distintas possibilidades de digitação. Serão adotadas, novamente, dois modelos referenciais (cada nota será devidamente assinalada enquanto digitação a ser utilizada). Cada um dos modelos a serem praticados sofrerão, em seguida, leve alteração.

Modelos A1 e A2: utilização das chaves 1, 2, 3, 4, 5, 6, 7, 9, 10 e 12 (exercício 42).

Modelos B1 e B2: utilização das chaves A, B, C, D (ou 4), 5, 6, 7bis, 7 e 8 (uso concomitante), 9, 10 e 10 bis (exercício 43).

Exercício 61:

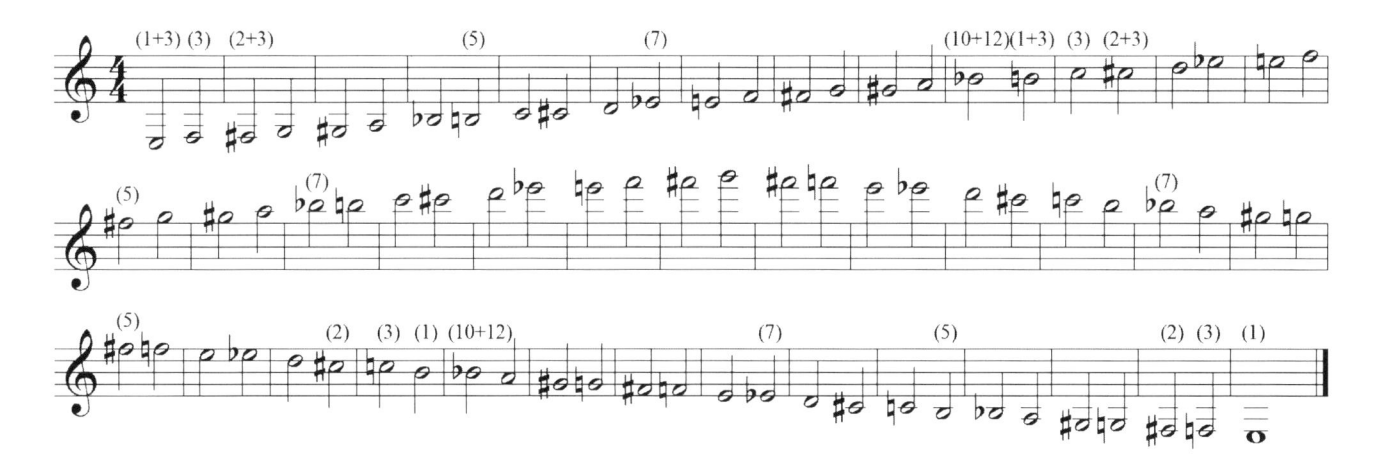

Exercício 62:

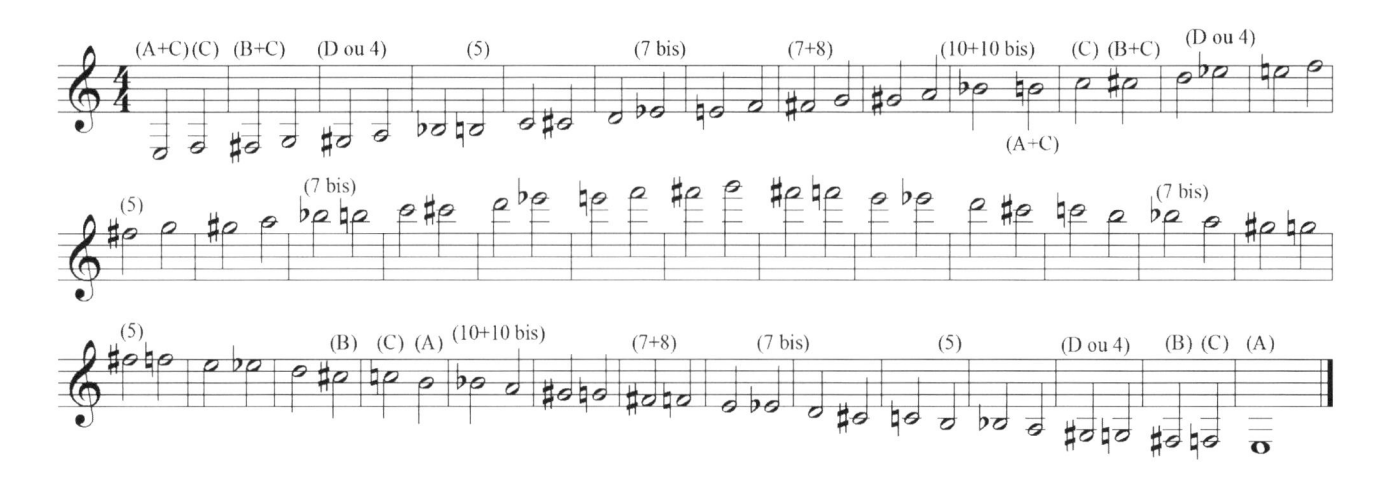

O exercício 63 propõe uma variante do Modelo A, anteriormente praticado. Observa-se, portanto, que na presente proposta, ocorrerá a utilização não concomitante das chaves 1 e 3

para as notas Mi² e Si³ (apenas a chave 1 será aqui acionada) e das chaves 3 e 2 para as notas Fá#² – ou Solb² – e Dó#⁴ – ou Réb⁴ (apenas a chave 2 será aqui acionada). Atentar, portanto, para a justa sincronia de movimentos no abaixar e suspender os dedos mínimos.

Exercício 63:

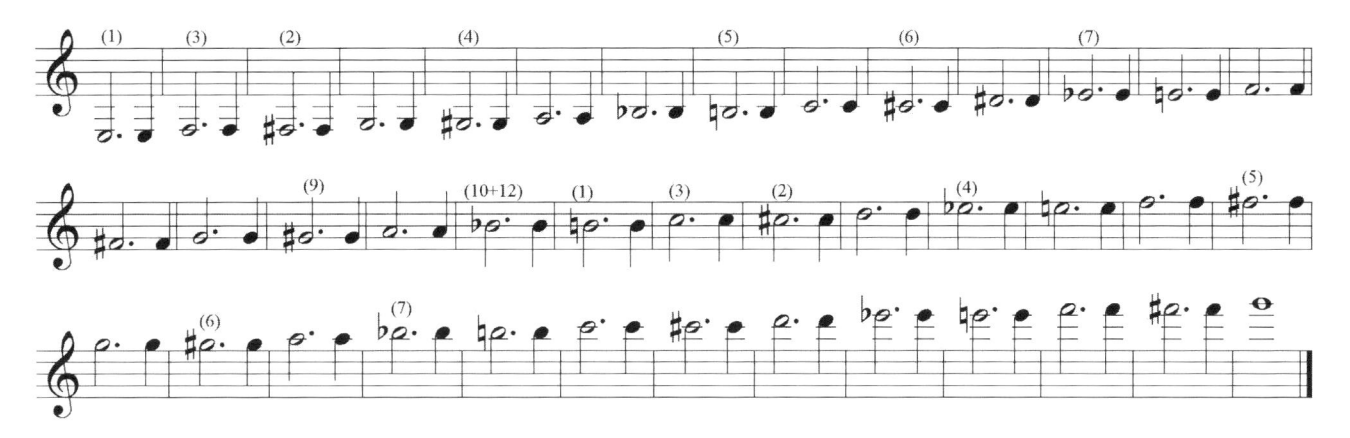

O exercício 64 propõe uma variante do Modelo B, anteriormente praticado. Observa-se, portanto, que na presente proposta, ocorrerá a utilização não concomitante das chaves A e C para as notas Mi² e Si³ (apenas a chave A será aqui acionada) e das chaves C e B para as notas Fá#² – ou Solb² – e Dó#⁴ – ou Réb⁴ (apenas a chave B será aqui acionada). Atentar, portanto, para a justa sincronia de movimentos no abaixar e suspender os dedos mínimos.

Exercício 64:

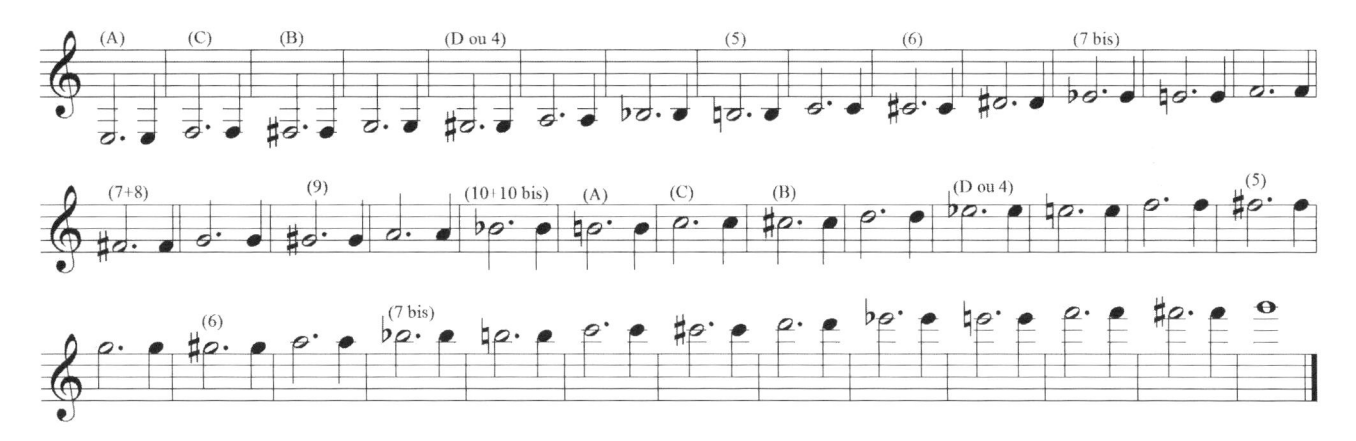

Exercício 65: Abaixo são apresentadas algumas escalas maiores e seus correspondentes menores:

Músicas

Música 39 (faixa 75):

Carinhoso

Música de Pixinguinha/ Letra de João de Barro

Copyright © 1936 by MANGIONE, FILHOS & CIA. LTDA.

Música 40:
Tema do Concertino Op. 26

Carl Maria von Weber (1786-1826)

Domínio Público

Música 41:

4 melodias para clarineta solo - I. Nordestina

Osvaldo Lacerda (1927-2011)

PÁGINA PROPOSITALMENTE EM BRANCO

Na Glória

Ary dos Santos
Raul de Barros (1915-2009)

Copyright © 1950 by IRMÃOS VITALE EDITORES LTDA.

E7 (D7) Am (Gm) D7 (C7) G (F) D7 (C7)
G (F) D (C7(♯5)) G (F) G7 (F7) C (B♭)
C♯ (B dim) G (F) E7 (D7) A7 (G7) D7 (C7) G (F)
C (B♭) G7 (F7)
C (B♭)
C7 (B♭7) F (E♭) F♯dim (E dim) C (B♭) G7 (F7) C (B♭) G (F7)
C (B♭) D7 (C7)
D.S. al Coda
G (F) G7 (F7)

Música 43:

Atlântico

Ernesto Nazareth (1863-1934) (Arr. Carlos Chaves)

Domínio Público.

Lição 10

Exercícios:

Exercício 66: A nota Sol#^{5} poderá ser obtida tendo por base a posição ilustrada. Uma posição alternativa para esta nota será também apresentada (faixa 76).

Exercício 67: Nesta lição serão executadas escalas cromáticas (perfazendo toda a extensão melódica trabalhada neste método), tendo por base os modelos de digitação abordados e suas variações, seguindo as proposições de ritmo e andamento indicadas:

Exercício 68: Abaixo são apresentadas as escalas maiores e menores que completam o ciclo:

Mi Maior

Dó# menor harmônico

Láb Maior

Fá menor harmônico

Si Maior

Sol# menor harmônico

Músicas

Música 44 (faixa 77):

Chorando Baixinho

Abel Ferreira

in B♭

Copyright © TODAMÉRICA EDIÇÕES LTDA.

Música 45:

Sonata (1º mov.)

Camille Saint-Saëns (1835-1921)

Domínio Público

4 melodias para clarineta solo - IV. Scherzino Pentafônico

Osvaldo Lacerda (1927-2011)